Helmut Globisch
Birgit Moldenhauer
Alexander Suslin
Holger Weidemann

BESCHEIDTECHNIK

MUSTERTEXTE FÜR STUDIUM UND PRAXIS

3. Auflage

Herausgegeben vom

NSI

Kommunale Hochschule
für Verwaltung in Niedersachsen

Maximilian Verlag
Hamburg

Helmut Globisch
Birgit Moldenhauer
Alexander Suslin
Holger Weidemann

BESCHEIDTECHNIK

MUSTERTEXTE FÜR STUDIUM UND PRAXIS

3. Auflage

Bibliografische Information der Deutschen Nationalbibliothek
Die Deutsche Nationalbibliothek verzeichnet diese Publikation in der Deutschen Nationalbibliografie; detaillierte bibliografische Daten sind im Internet über https://portal.dnb.de abrufbar.

Vorliegende Ausgabe erscheint als Band 8 in der Schriftenreihe der Kommunalen Hochschule für Verwaltung in Niedersachsen, herausgegeben von Prof. Dr. Michael Koop und Prof. Holger Weidemann.

Redaktionsstand: 28.02.2023

ISBN 978-3-7869-1440-2

Stadthausbrücke 4, 20355 Hamburg
Ein Unternehmen der TAMMMEDIA

Layout: Tim Mergemeier
Produktion: Reemers Publishing Services GmbH
Druck und Weiterverarbeitung: Plump Druck & Medien GmbH
Rolandsecker Weg 33, 53619 Rheinbreitbach

Printed in Germany

VORWORT

Ziel von **Ausbildung und Studium** ist der umfassend vorgebildete und im Rahmen seiner beruflichen Tätigkeit allseits verwendbare Mitarbeiter. Notwendige Voraussetzung ist ein möglichst geschlossenes Grundlagenwissen. Ausbildung und Studium vermitteln die Fertigkeiten und Sicherheiten zur praktischen Anwendung des Wissens. Die künftige Berufspraxis erschöpft sich jedoch nicht darin, verfahrens- und materiellrechtliche Fragen zu beleuchten. Die Verwaltungsmitarbeiter müssen vielmehr die sich aus der Aufbereitung des Sachverhalts ergebenden Handlungsalternativen erkennen und regelmäßig auch umsetzen. Fordert der aktuelle Verfahrensstand weitere Informationen, kann beispielsweise ein Anhörungsschreiben oder aber die Bitte, weitere Unterlagen einzureichen, geboten sein. Liegt die Entscheidungsreife eines Vorgangs vor, muss häufig ein abschließender Bescheid gefertigt werden. Damit sich die künftigen Verwaltungsmitarbeiter in der Praxis diesen Aufgaben nicht unvorbereitet stellen müssen, sehen alle Lehrgangsangebote Übungseinheiten zur Bescheidtechnik vor.

Häufig fehlt es aber an geeigneten Anschauungs- und Übungsmaterialen. Die vorliegenden Mustertexte versuchen, diese Lücke zu schließen. Dieses Buch greift typische Arbeitssituationen der Verwaltung auf. Ein einführender Beitrag über Grundzüge der gutachtlichen Bearbeitung von Aufgabenstellungen und der Bescheidtechnik runden das Informationsangebot ab. Für die **Studierenden** der Hochschule für Kommunale Verwaltung in Niedersachsen wird mit den Musterfällen 19 und 20 ein besonderes Angebot unterbreitet. Sie sind verpflichtet, in der **Praxisphase 2** als Prüfungsleistung einen Erstbescheid zu erstellen. Diese **Musterfälle** bieten eine gute Grundlage, um sich auf diese Prüfung vorbereiten zu können.

Aber auch der **Praktiker**, der sich auf den aktuellen Stand der Bescheidtechnik bringen will, kann dieses Buch mit Gewinn lesen. Gerade die Begrenzung der Informationen auf das Nötige, verbunden mit Vertiefungshinweisen, bietet die Chance, sich rasch zu orientieren.

Wir wünschen allen Nutzern viel Erfolg.

Verbesserungen, Anregungen aber auch Lob sind uns immer willkommen. Die elektronische Anschrift lautet – stellvertretend für alle Autoren:

Birgit.Moldenhauer@nsi-hsvn.de

Hannover, im Februar 2023

Helmut Globisch
Birgit Moldenhauer
Alexander Suslin
Holger Weidemann

AUTOREN

Prof. Helmut Globisch ist ehemaliger Dozent an der Kommunalen Hochschule für Verwaltung in Niedersachsen (HSVN) sowie am Niedersächsischen Studieninstitut für kommunale Verwaltung e.V (NSI). Er ist dort weiterhin als (nebenamtlicher) Lehrbeauftragter beschäftigt. Er lehrt dort im Bereich der Rechtswissenschaften in den Fächern Ordnungsrecht und Rechtsanwendung. In der Zeitschrift „Deutsche Verwaltungspraxis " publiziert Prof. Helmut Globisch Beiträge, die die juristische Fallbearbeitung zum Inhalt haben.

Birgit Moldenhauer (MBA) unterrichtet seit 2010 als hauptamtliche Dozentin an der HSVN und am NSI in den Bereichen des internen und externen Rechnungswesens sowie in den Bereichen Investition und Finanzierung. Zudem betreut sie seit 2012 das Praxisbüro der HSVN.

Prof. Dr. Alexander Suslin ist seit August 2021 Professor für Verwaltungsrecht und Verwaltungsprozessrecht an der HSVN. Zuvor war er seit August 2015 hauptamtlicher Dozent für Rechtswissenschaften am NSI. Nach dem Abschluss des dualen Studiums an der HSVN absolvierte Herr Suslin das Studium der Rechtswissenschaften an der Leibniz Universität Hannover, an das sich die Promotion und das Rechtsreferendariat anschlossen. Zu seinen Forschungs- und Publikationsbereichen gehören neben dem Allgemeinen und Besonderen Verwaltungsrecht das Staats- und Beamtenrecht sowie das Kommunalrecht.

Prof. Holger Weidemann war viele Jahre Vizepräsident der HSVN und Ausbildungsleiter des NSI. Er ist Autor zahlreicher Veröffentlichungen zum Allgemeinen und Besonderen Verwaltungsrecht.

INHALT

ABKÜRZUNGSVERZEICHNIS

Abs.	Absatz
AGVwGO	Ausführungsgesetz zur Verwaltungsgerichtsordnung
AGSGG	Ausführungsgesetz zum Sozialgerichtsgesetz
AOsofVollz	Anordnung der sofortigen Vollziehung
AllGO	Allgemeine Gebührenordnung
Az.	Aktenzeichen
BauGB	Baugesetzbuch
BKat	Bußgeldkatalog
BKatV	Verordnung über die Erteilung einer Verwarnung, Regelsätze für Geldbußen und die Anordnung eines Fahrverbotes wegen Ordnungswidrigkeiten im Straßenverkehr
BImSchG	Bundesimmissionsschutzgesetz
BSHG	Bundessozialhilfegesetz
BtMG	Gesetz über den Verkehr mit Betäubungsmitteln
BVerwG	Bundesverwaltungsgericht
b. w.	bitte wenden
dergl.	dergleichen
d. h.	das heißt
DVP	Deutsche Verwaltungspraxis (Zeitschrift)
E	Entwurf
f./ff.	folgender/folgende
FBL	Fachbereichsleiter/-in
FD	Fachdienst
FeV	Verordnung über die Zulassung von Personen zum Straßenverkehr (Fahrerlaubnisverordnung)
Fn.	Fußnote
G	Gesetz
GastG	Gaststättengesetz
GefTVO	Verordnung über das Halten gefährlicher Tiere
gem.	gemäß
GenTG	Gesetz zur Regelung der Gentechnik
GewO	Gewerbeordnung
gez.	gezeichnet
GG	Grundgesetz
ggf.	gegebenenfalls
GlüStV	Glücksspielstaatsvertrag

HLU	Hilfe zum Lebensunterhalt
HVB	Hauptverwaltungsbeamtin
i. A.	im Auftrag
i. d. R.	in der Regel
i. e. S.	im engeren Sinne
i. V. m.	in Verbindung mit
K. g.	Kenntnis genommen
KiTa	Kindertagesstätte
km/h	Kilometer pro Stunde
LED	Licht-emittierende Diode
Lit.	Literatur
lt.	laut
m. d. B.	mit der Bitte
m. N.	mit Nachweisen
MuSchG	Mutterschutzgesetz
m. w. N.	mit weiteren Nachweisen
NAGBNatSchG	Niedersächsisches Ausführungsgesetz zum Bundesnaturschutzgesetz
NBauO	Niedersächsische Bauordnung
NBG	Niedersächsisches Beamtengesetz
Nds.	Niedersachsen, Niedersächsische/-s
Nds. GVBl.	Niedersächsisches Gesetz- und Verordnungsblatt
Nds. ERVVO-Justiz	Niedersächsische Verordnung über den elektronischen Rechtsverkehr in der Justiz
Nds. MBl.	Niedersächsisches Ministerialblatt
NGastG	Niedersächsisches Gaststättengesetz
NKAG	Niedersächsisches Kommunalabgabengesetz
NJW	Neue Juristische Wochenschrift (Zeitschrift)
NPOG	Niedersächsisches Polizei- und Ordnungsbehördengesetz
Nr.	Nummer
NVwKostG	Niedersächsisches Verwaltungskostengesetz
NVwVfG	Niedersächsisches Verwaltungsverfahrensgesetz
NVwVG	Niedersächsisches Verwaltungsvollstreckungsgesetz
o. a.	oben angegeben/-e/-er/-es
OVG	Oberverwaltungsgericht
PK	Polizeikommissar/-in

resp.	respektive = beziehungsweise
Rdnr.	Randnummer
RL	Richtlinie
Rspr.	Rechtsprechung
S./s.	Satz, Seite/-n, siehe
SGB	Sozialgesetzbuch
SGG	Sozialgerichtsgesetz
s. o.	siehe oben
sog.	sogenannt/-e/-er/-es
SPO-BA	Studien- und Prüfungsordnung für die Bachelor-Studiengänge Allgemeine Verwaltung und Verwaltungsbetriebswirtschaft an der Kommunalen Hochschule für Verwaltung in Niedersachsen – HSVN
Std.	Stunde(n)
str.	strittig
StVG	Straßenverkehrsgesetz
StVO	Straßenverkehrsordnung
u.	und
u. a.	und andere / unter anderem
usw.	und so weiter
VA	Verwaltungsakt
VG	Verwaltungsgericht
v. g.	vorgenannte/-r/-s
VR	Verwaltungsrundschau (Zeitschrift)
VwGo	Verwaltungsgerichtsordnung
VwVfG	Verwaltungsverfahrensgesetz
VwZG	Verwaltungszustellungsgesetz
Wv.	Wiedervorlage
z. B.	zum Beispiel
z. K.	zur Kenntnis
z. K. u. w. V.	zur Kenntnis und weiteren Veranlassung
z. T.	zum Teil
ZU	Zustellungsurkunde

I. EINFÜHRUNG

In der heutigen Verwaltungstätigkeit stellt das papierlose Büro immer noch nicht den – vielfach propagierten – Regelfall dar. Das schriftliche Erfassen und Übermitteln von Informationen, die Umsetzung der Arbeitsergebnisse in eine lesbare und verwertbare Form verursachen deshalb einen beträchtlichen Arbeitsaufwand. Das Verwaltungsverfahren wird grundsätzlich schriftlich oder elektronisch abgewickelt. Entscheidend ist die Dokumentation der Ergebnisse. Es werden Ablagesysteme geschaffen, um so jederzeit den Stand des Verfahrens, unabhängig vom Sachbearbeiter oder der Sachbearbeiterin, verfolgen zu können und auch später nach Abschluss im Einzelfall Rekonstruktionen zu ermöglichen. Aber auch das elektronisch abgewickelte Verwaltungsverfahren ist nicht frei von der Beachtung bestimmter formeller Vorgaben (siehe nur das Begründungsgebot nach § 39 VwVfG).

Das Verwaltungsverfahren lässt sich praktisch in **drei Phasen** einteilen. Zunächst ist die **Verfahrenseröffnung** zu sehen. Sie erfolgt entweder auf Antrag des Betroffenen oder aber von Amts wegen. § 22 Verwaltungsverfahrensgesetz (VwVfG) bestimmt im Einzelnen, wann ein Verfahren zu eröffnen ist. In der dann folgenden Phase werden Maßnahmen getroffen, die die spätere Entscheidung der Verwaltung vorbereiten sollen (sog. **vorbereitende Maßnahmen**), wie beispielsweise die Durchführung eines Anhörungsverfahrens, eine Beweisaufnahme, Beteiligung weiterer Behörden, ein Erörterungstermin sowie die Aufforderung zur Beibringung von Unterlagen. Den Abschluss bildet dann die konkrete Entscheidung (sog. **Regelungen**), wie Begründung, Änderung oder Aufhebung eines Rechts sowie den Erlass von Ge- und Verboten.

Nach § 37 Abs. 2 VwVfG kann ein **Verwaltungsakt** mündlich, **schriftlich**, elektronisch oder in anderer Weise erlassen werden. Allen gemeinsam ist, dass sie eine Regelung für den Bürger enthalten. Wird ein **schriftlicher Verwaltungsakt** erlassen, sind von der Behörde besondere Vorgaben (z. B. hinsichtlich der äußeren Gestaltung und des Begründungsgebotes) zu beachten.

Ziel der Bescheidtechnik ist es nicht nur, dem Beteiligten das Ergebnis eines Verwaltungsverfahrens in schriftlicher Form bekanntzugeben, sondern ihn darüber hinaus sprachlich angemessen von der Richtigkeit der Entscheidung zu überzeugen. Je besser dies gelingt, desto eher wird der Empfänger diese Entscheidung akzeptieren und desto weniger wird die Neigung bestehen, gegen den Bescheid vorzugehen.

Nun ist der Begriff „Bescheid" gesetzlich nicht geregelt. Gleichwohl haben sich Grundelemente herausgebildet, die ihn charakterisieren. Hierzu zählen beispielsweise der Aufbau und ein bestimmter Sprachstil. Im Kapitel II, Nr. 5., werden diese Grundelemente vorgestellt. Grundsätzlich sind drei typische Bescheidarten zu unterscheiden:

- der Erstbescheid
- der Abhilfebescheid (§ 72 VwGO)
- der Widerspruchsbescheid (§ 73 VwGO)

Das Verwaltungsverfahren endet in der Regel mit dem Erlass eines Verwaltungsaktes oder mit dessen Ablehnung (§ 9 VwVfG). Als **Erstbescheid** wird die Behördenmaßnahme bezeichnet, mit der das Verwaltungsverfahren abgeschlossen wird, und zwar unabhängig von seinem Inhalt. Dem Erstbescheid kommt in **Ausbildung** und **Studium**, aber auch in der **Verwaltungspraxis**, die **zentrale Rolle** zu. Er steht daher im **Mittelpunkt** der nachstehenden Darstellungen. Es werden typische Entscheidungssituationen der Leistungs- und Eingriffsverwaltung vorgestellt.

Diese Zahlen verweisen auf die **Erläuterungen** in Kapitel VIII

Bescheidauszug

[1] **Stadt Syke**
Der Bürgermeister
...

[2] **Übergabeeinschreiben**
[3] Franz Klausing
Hillerser Weg 1
28857 Syke

[4] Anlegung einer Zufahrt zur K 34
Ihr Antrag vom 20.3.20...

[5] Sehr geehrter Herr Klausing,

[6] hiermit erteile ich Ihnen nach Maßgabe der in der Anlage beigefügten technischen Bestimmungen* und den Ausführungsplänen* die Sondernutzungserlaubnis, zur Kreisstraße 34 zwischen km 12,5 und km 12,6, eine 6,50 m breite Zufahrt von dem Grundstück Hillerser Weg 1, 28857 Syke, zum Zwecke der
(....)
Anbindung einer landwirtschaftlichen Hofanlage, anzulegen.
(......)

Bürgerinnen und Bürger sind nicht immer bereit, die getroffene Verwaltungsentscheidung zu akzeptieren. Durch die grundgesetzlich gewährleistete Rechtsschutzgarantie (Art. 19 Abs. 4 Grundgesetz) haben die Betroffenen die Möglichkeit, alle getroffenen Verwaltungsentscheidungen einer gerichtlichen Überprüfung zu unterziehen. Sofern es sich um eine öffentlich-rechtliche Streitigkeit nichtverfassungsrechtlicher Art handelt und es keine besondere Gerichtszuweisung gibt, ist regelmäßig die Zuständigkeit der Verwaltungsgerichte gegeben (vgl. nur § 40 Abs. 1 VwGO). Bei bestimmten Fallkonstellationen ist, bevor die Gerichte angerufen werden können, zunächst ein Vorverfahren durchzuführen (vgl. § 79 VwVfG und §§ 68 ff. VwGO). Die diese Verfahren abschließenden Bescheide (**Abhilfe- und Widerspruchsbescheid**) werden in Kapitel V vorgestellt.

Die Erläuterungen im Kapitel VIII enthalten die konkreten Hinweise zu den einschlägigen rechtlichen Vorgaben (z. B. Verwaltungsverfahrensgesetz, Verwaltungszustellungsgesetz und der Verwaltungsgerichtsordnung) durch Angabe der relevanten Normen.

Im Kapitel VII werden exemplarisch **komplette Musterakten** vorgestellt, wie sie im Rahmen der **praktischen Prüfung** der Praxisphase II des Bachelorstudiums an der Kommunalen Hochschule für Verwaltung in Niedersachsen von den Prüflingen zu erstellen wären.

Die nachfolgenden Darstellungen basieren auf **fiktiven Fällen** und dienen ausschließlich der Veranschaulichung. Auf Eingangs- und Bearbeitungsvermerke der Behörden wurde daher verzichtet.

II. GUTACHTEN-, KLAUSUR- UND BESCHEIDTECHNIK

1. VORBEMERKUNG

Das Anfertigen von Klausuren gehört zu den zentralen Aufgaben, die Auszubildende, Teilnehmer von Weiterbildungslehrgängen (z. B.: Angestelltenlehrgänge II) und Studierende bewältigen müssen. Die nachfolgenden Tipps zur Gutachtentechnik und Klausurerstellung bieten eine Hilfestellung zur Optimierung der **methodischen Fähigkeiten** für das Anfertigen von Klausuren. Das **Rechtsgutachten** dient der inhaltlichen Durchdringung eines konkreten Sachverhalts, an dessen Ende häufig ein praxistauglicher Entscheidungsvorschlag zu formulieren ist. In einem weiteren Arbeitsschritt ist, soweit dies die Aufgabenstellung erfordert, dann der das Verfahren **abschließende Bescheid** zu erstellen.

Mit den Ausführungen zur Struktur der Rechtsnormen und der Technik der gutachtlichen Rechtsanwendung soll das grundlegende Rüstzeug für die juristische Fallbearbeitung dargestellt werden. Die Schwierigkeit der Fallbearbeitung liegt erfahrungsgemäß weniger im Verständnis des technischen „Know-hows" als in der Auslegung und Anwendung der Vorschrift auf den **konkreten Fall**. Ähnlich einem Arzt, der die Technik der sicheren Krankheitsdiagnose nur durch die praktische Behandlung vieler „Einzelfälle" erlernt, kann der Rechtsanwender die Technik der juristischen Subsumtion nur durch regelmäßiges Üben beherrschen. Dafür stellt allerdings die Routine der immer wiederkehrenden Grundregeln und Methoden ein wichtiges Element dar, das der Lösung von Fällen eine grundsätzliche Struktur gibt.

2. GUTACHTENTECHNIK

Die Erörterung der Gutachtentechnik geht von folgendem einfachen, aber strukturell klausurtypischen Beispielfall aus:

Beispielfall:
Der smarte Max Holter betreibt seit 2014 in der Landeshauptstadt Hannover einen Gebrauchtwagenhandel. Er beschäftigt seit ca. vier Jahren einen Verkäufer und eine Bürokraft. Die Bürokraft ist aber nur mit 15 Std. pro Woche im Unternehmen tätig. Während es in den ersten Betriebsjahren stetig wirtschaftlich aufwärtsging, hat sich die Situation seit den vergangenen Jahren gravierend verändert. Der Kauf gebrauchter Autos ist deutlich rückläufig. Die hohen Kosten des Unternehmens haben Holter dazu gebracht, in den vergangenen Jahren die unternehmensbezogenen Steuern (u. a. Gewerbesteuern, Lohnsteuern) nicht mehr zu zahlen. Die aktuelle Steuerschuld beträgt 45.450 € und sie

steigt weiter an. Die zuständige Finanzbehörde informiert die Gewerbeverwaltung und bittet zu prüfen, ob eine Gewerbeuntersagung in Betracht kommen könne. Die zuständige Stelle konfrontiert Holter mit der Steuerschuld und kündigt eine Gewerbeuntersagung an. Im Zuge dieses Anhörungsverfahrens bringt Holter zum Ausdruck, dass er in der nächsten Zeit die Steuerschuld nicht begleichen könne. Er habe alle Anstrengungen unternommen, um trotz sinkender Einnahmen, seine Beschäftigten zu halten. Eine Entlassung komme auch aus wirtschaftlichen Gründen nicht in Betracht, da die vorhandene Mitarbeiterzahl das Minimum darstelle, um sein Unternehmen überhaupt erfolgreich führen zu können. Komme es zur Gewerbeuntersagung könne er seine Betriebskredite nicht zurückzahlen, er müsse die Mitarbeiter entlassen und an eine Begleichung der Steuerschuld sei nicht zu denken.

Aufgabenstellung: Bitte prüfen Sie gutachtlich, ob eine Gewerbeuntersagung materiell rechtmäßig angeordnet werden könnte.

3. DIE STUFEN DER RECHTSANWENDUNG

Ziel der praktischen Fallbearbeitung ist es stets, die für den konkreten Fall eintretenden Rechtsfolgen zu bestimmen. Da Normen für eine unbestimmte Anzahl von Personen und Lebenssachverhalte gelten, sind sie notwendigerweise von einer gewissen „Fallferne“ gekennzeichnet. In der Fallbearbeitung muss aber anhand eines **konkreten Einzelfalls** eine Entscheidung getroffen werden.

Damit sind die wesentlichen **Arbeitsschritte der Rechtsanwendung** vorgezeichnet: Erfassen des Lebenssachverhalts und der Aufgabenstellung, Auffinden der einschlägigen Rechts-/Ermächtigungs- bzw. Anspruchsgrundlage, Ermittlung des Sinns der abstrakt gefassten Norm durch Auslegung (Interpretation) und rechtliche Würdigung des Falles durch gutachtliche Lösung der gestellten Aufgabe.

3.1 Erfassen des Sachverhalts

Nach Austeilen des Klausurtextes blättern Sie diesen zunächst einmal ganz durch, um zu erkennen, ob die Klausur vollständig ist und ob sie aus einer Aufgabe oder mehreren Aufgaben besteht.

Die Bearbeitung eines Falls beginnt mit dem **Erfassen der entscheidungserheblichen Tatsachen** des Sachverhalts. Dieser muss von einer vorweggenommenen, allerdings noch pauschalen rechtlichen Würdigung erfasst werden, da er häufig Angaben enthält, die auf zu behandelnde Rechtsfragen hinweisen. „Überfliegen“ Sie auch die **Aufgabenstellung**, damit Sie schon während des ersten Durchlesens wissen, was Sie überhaupt fertigen sollen. Lesen

Sie dann den Text und **unterstreichen** oder **notieren** Sie sofort die Gedanken, die Ihnen bei der ersten Durchsicht kommen. Jetzt sind Sie noch frisch und ordnen die Probleme leichter ein als in zwei, drei oder vier Stunden, wenn Sie bei der Bearbeitung zu diesem Punkt kommen. Achten Sie besonders auf die **Daten**, die der Text enthält. Dabei sollten Sie sich gerade unter Prüfungsbedingungen genügend Zeit für die gründliche Erfassung des Sachverhalts nehmen. Dies kann durch **Randbemerkungen** oder **Unterstreichungen** als Merkposten geschehen. Enthält ein Sachverhalt mehr als zwei Personen oder umfangreiche Verwaltungsvorgänge, empfiehlt es sich, eine **Skizze** oder einen **Zeitstrahl** anzulegen und die gegenseitigen Beziehungen dort einzutragen.

Beispiel:

Daten	***Ereignisse***
1. Hälfte 2017	*verschiedene Straftaten*
10.04.2019	*Verurteilung (Bestandskraft)*
Juli 2019	*Umzug nach Delmenhorst*
4.9.2020	*Antrag (Erteilung Erlaubnis zum Betrieb des Bewachungsgewerbes)*
27.11.2020	*Erlaubniserteilung*
25.2.2022	*Anhörung*
1.4.2022	*Aufhebung Gewerbeerlaubnis/Aufgabe Post (Übergabeeinschreiben)*
2.4.2022	*Krause erhält Schreiben*
3.5.2022	*Eingang Klage beim Verwaltungsgericht*[1]

Grundsätzlich sollte man sich vergewissern, dass man keine Einzelheit des Sachverhalts vergessen hat (Hilfe: mehrmaliges Lesen).

3.2 Würdigung des Sachverhalts

Tatsachenangaben im mitgeteilten Sachverhalt, die unwidersprochen aufgestellt sind, müssen als **objektiv richtig** („wahr") vorausgesetzt werden. Es ist verfehlt, den Sachverhalt zu verbiegen oder Unterstellungen einzufügen, um zu einer Lösung zu kommen bzw. eine Unterstellung in den Sachverhalt einzufügen, um noch zu einem weiteren Problem Stellung nehmen zu können. Dieses Wissen, das nicht zu Ihrer Falllösung gehört, wird nicht honoriert. Spekulationen über die Lebensnähe des Sachverhalts erübrigen sich und unverantwortlich handelt, wer den Lebenssachverhalt willkürlich abändert, weil er dann nicht mehr die ihm gestellte, sondern eine andere Aufgabe löst.

---

[1] Siehe auch Kapitel VIII, Rdnr. 9; es ist zu berücksichtigen, dass in einzelnen Bundesländern der Gesetzgeber in deutlichem Umfange von der Ermächtigung des § 68 Abs. 1 S. HS 1 VwGO, das Widerspruchsverfahren zurückzudrängen, Gebrauch gemacht hat. Auch Niedersachsen zählt zu diesen Bundesländern.

3.3 Fehler und Lücken im Sachverhalt

Unterstellungen sind nur in Ausnahmefällen angebracht, nämlich dann, wenn ein Sachverhalt unvollständig ist. Dies anzunehmen sei Ihnen nur bei äußerster Vorsicht angeraten. Fehlt aber tatsächlich einmal eine Angabe, die zur Bearbeitung erforderlich wäre, dürfen Sie **ausnahmsweise** (!) mit Unterstellungen arbeiten, müssen jedoch Tatsachen unterstellen, wie sie der allgemeinen Lebenserfahrung entsprechen. Fehlen wichtige, für die rechtliche Beurteilung entscheidende Aussagen, ist die Lösung „positiv" weiterzuentwickeln.

Beispiele:
„Vorausgesetzt der Widerspruch wurde gem. § 70 Abs. 1 VwGO schriftlich erhoben ..."; „Es ist davon auszugehen, dass keine ausgeschlossene Person mitgewirkt hat." „Die regelmäßige Beförderungszeit eines einfachen Briefes durch die Post im Inland beträgt einen Tag."

3.4 Rechtsansichten des Bürgers

Wenn der Klausurersteller zu einem bestimmten Problem von Ihnen eine Stellungnahme erhalten will, dann lässt er den Bürger ausdrücklich eine **Rechtsmeinung** äußern. Eine solche ist jedoch – anders als Tatsachenangaben (s. o.) – nicht von vornherein als wahr anzusehen. Auf diese Rechtsmeinung müssen Sie in Ihrer gutachtlichen Lösung **besonders eingehen**.

3.5 „Bekannter Fall"

Vorsicht sollte geübt werden, wenn Ihnen wegen eines Stichworts im Sachverhalt gleich eine komplette Lösung einfällt. Es könnte sein, dass im vorliegenden Sachverhalt ein bekannter oder in der (Lehr-)Veranstaltung besprochener Fall gerade **nicht rechtlich identisch** mit dem Klausurfall ist.

3.6 Beachtung der Aufgabenstellung

Die nächste Arbeitsphase gilt dem genauen **Erfassen der Aufgabe**, wobei streng darauf zu achten ist, dass nur die konkret gestellten oder aus dem Sachverhalt abzuleitenden Fragen behandelt werden. Durch diesen konkreten Arbeitsauftrag besteht kein Anlass darzulegen, was der Bearbeiter zu den im Sachverhalt angeschnittenen Fragen „alles weiß". Eine Besonderheit ergibt sich bei sogenannten „offenen Fragen", die durch den Bearbeiter und die Bearbeiterin selbst konkretisiert werden müssen. Lautet die Frage: „Wie ist die Rechtslage?", ist nach allen im Fall eintretenden Rechtsfolgen gefragt, sodass geklärt werden muss, welche rechtlichen Probleme der Sachverhalt im Einzelnen aufwirft. Im Allgemeinen empfiehlt es sich, die Fragen in der gestellten Reihenfolge zu beantworten, insbesondere, wenn der Grundfall mehrfach variiert oder fortgesetzt wird.

Beispiele:
„Prüfen Sie die Erfolgsaussichten des Widerspruchs.“; „Welche Ansprüche hat Flohr gegenüber der Stadt Hameln.?“

Vielfach finden Sie dem Klausurtext vorangestellte **Bearbeitungshinweise**, mit denen die Klausurlösung erleichtert werden soll. Lesen Sie diese besonders sorgfältig. Weiter steht häufig in diesen Hinweisen, dass bestimmte Probleme **nicht** bearbeitet werden sollen.

Beispiele:
„Baurechtliche Fragen sind nicht zu prüfen.“ „Es handelt die zuständige Behörde.“ „Straßenrechtliche Fragen sind nicht zu thematisieren.“

Im **Beispielfall** ist **nur** die **materielle Rechtmäßigkeit** der Gewerbeuntersagung zu prüfen. Ausführungen zur formellen Rechtmäßigkeit des VA, insbesondere zur erforderlichen und durchgeführten Anhörung nach § 28 Abs. 1 VwVfG werden nicht positiv bewertet. Wenn Sie insoweit ausdrücklich nicht Stellung nehmen sollen, dann werden auch seitenlange Ausführungen keine (positiven) Bewertungspunkte einbringen.

3.7 Hilfsgutachten

Zum Teil ist ausdrücklich ein sogenanntes **Hilfsgutachten** verlangt. Hierbei ist nach eindeutiger Lösung der Ausgangsfrage eine andere Fallvariante oder ein anderes Zwischenergebnis zu unterstellen, um davon ausgehend – ausdrücklich hilfsweise – den Fall nochmals weiterzuentwickeln (**beachte:** bei Widerspruchs- und prozessualen Gutachten ist bei Unzulässigkeit des Rechtsbehelfs die Begründetheit **regelmäßig** in einem Hilfsgutachten abzuhandeln, sofern dies nicht ausdrücklich ausgeschlossen wird). Das Hilfsgutachten dient aber nicht dazu, die eigene Unsicherheit bei der Entwicklung einer Fallbearbeitung zu überdecken. Es wird regelmäßig nicht positiv gewertet, wenn sich der Prüfer oder die Prüferin die sachgerechte, der beiden angebotenen Lösungen quasi aussuchen soll.

3.8 Zeitplanung

Planen Sie anfangs Ihre Zeit. Die Zeit reicht **nicht** aus, um ein komplettes Konzept zu schreiben und dieses anschließend in Reinschrift zu übertragen. Aber eine kurze Gliederung wird sich in Klausuren anbieten. Entwerfen Sie eine **stichwortartige Lösungsskizze** vor Beginn der Niederschrift. Es ist sinnvoll, die erkannten Problemschwerpunkte der Aufgabenstellung kenntlich zu machen.

Kontrollieren Sie die Ihnen noch verbleibende Bearbeitungszeit. Brechen Sie lieber einen Problemkreis, an dem Sie sich festgebissen haben (z. B. Suche nach Zuständigkeitsnormen), ab und wenden Sie sich dem nächsten zu. Gerade in verwaltungsrechtlichen Klausuren sind vielfach in den regelmäßig am Ende stehenden Fragen der materiell-rechtlichen Prüfungsabschnitte (etwa Ermessensprüfung) viele Punkte zu holen. Hier zahlt sich meist eine halbe Stunde Lösungszeit punktemäßig mehr aus, als durch Erörterungen von eindeutigen Zulässigkeitsfragen des Widerspruchs (z. B. des Verwaltungsrechtsweges) bzw. der formellen Rechtmäßigkeitsprüfung (z. B. Mitwirkung vermeintlich ausgeschlossener Personen).

Zu Ende arbeiten geht vor durchlesen. Aber wenn Sie die Zeit haben, dann lesen Sie die Klausurlösung noch einmal ganz durch, um Ergänzungen anzubringen.

4. DIE STRUKTUR DER RECHTSNORMEN

Rechtsvorschriften haben die Aufgabe, einen bestimmten Lebenssachverhalt zu beschreiben und hierfür eine rechtliche Regelung zu treffen, weshalb sie notwendig eine **abstrakt-generelle Struktur** aufweisen, d. h. für eine unbestimmte Vielzahl von Fällen gelten und sich an eine unbestimmte, bei ihrem Erlass noch nicht feststehende Vielzahl von Personen wenden. Jede (vollständige) Norm ist grundsätzlich zweigliedrig aufgebaut: sie besteht aus einer **Tatbestands- (Voraussetzungs-)** und einer **Rechtsfolgenseite**.

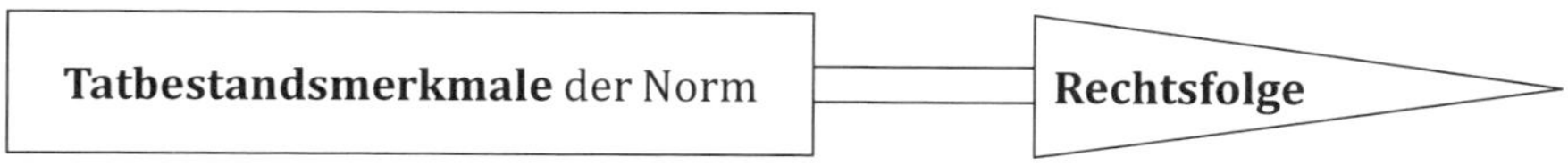

Der **Tatbestand** ist die normative Umschreibung eines bestimmten Lebenssachverhalts, den das Gesetz durch die Zuordnung einer bestimmten **Rechtsfolge** ordnen will. Die Beschreibung des Tatbestandes setzt sich regelmäßig aus der Verknüpfung mehrerer Rechtsbegriffe zusammen: den **Tatbestandsmerkmalen**. Der Gesetzgeber verwendet dabei neben bestimmten, klar umrissenen Rechtsbegriffen (z. B. „ein Monat") eine Vielzahl unbestimmter Begriffe, wobei zwischen beschreibenden (deskriptiven) – **Beispiele:** „Abfall", „schädliche Umwelteinwirkungen" – und wertausfüllenden (normativen) Begriffen – **Beispiel:** „Eignung und Befähigung" – unterschieden wird. Die Anwendung derartiger Begriffe steht unter dem Ideal objektiver Richtigkeit, d. h., „ob" ein Tatbestandsmerkmal vorliegt, muss durch Auslegung und Subsumtion geprüft werden und unterliegt voller gerichtlicher Überprüfbarkeit (Ausnahme: unbestimmte Rechtsbegriffe mit Beurteilungsspielraum). Da die meisten Rechtsnormen **mehrere** Tatbestandsmerkmale enthalten, ist weiterhin darauf zu achten, ob alle Merkmale erfüllt sein müssen (kumulative Aufzählung) oder ob nur eine von mehreren Möglichkeiten (alternative Aufzählung) gegeben sein muss.

- Der Grundtyp der Rechtsnorm verknüpft Tatbestand und Rechtsfolge konditional: **„wenn"** (Tatbestand), **„dann"** (Rechtsfolge). Erfüllt also ein Lebenssachverhalt die Begriffsmerkmale eines bestimmten Tatbestands, so muss (beziehungsweise kann) die gesetzlich angeordnete Rechtsfolge gesetzt werden. Die Verwirklichung des Tatbestands ist deshalb immer Bedingung für den Eintritt der Rechtsfolge.

Die Art der vorgesehenen Rechtsfolge ist darüber hinaus charakteristisch für das Rechtsgebiet, dem die Norm angehört. Normen des Verwaltungsrechts regeln meist Befugnisse einer Behörde oder Rechte/Pflichten des Bürgers gegenüber dem Staat. Zudem ist auf die Art der konditionalen Verknüpfung von Tatbestand und Rechtsfolge zu achten. Bei **gebundenen Vorschriften** („immer dann, wenn") ist in strikter Gesetzesgebundenheit zu handeln, während bei Ermessensnormen zwischen Erfüllung des Tatbestands und dem Setzen der Rechtsfolge eine Willensentscheidung der Verwaltung geschaltet ist. Bei **Ermessensentscheidungen** besteht also eine Auswahlmöglichkeit zwischen verschiedenen Handlungsoptionen (z. B. Entschließungs- und/oder Auswahlermessen) innerhalb des gesetzlichen Rahmens (vgl. § 40 VwVfG).

Beispiele:
§ 35 Abs. 1 S. 1 GewO: gebundene Entscheidung – § 15 Abs. 2 GewO: Ermessensentscheidung

— Viele Normen weichen von diesem Schema ab, da sie nicht nach der „Wenn-dann"-Struktur aufgebaut sind. Dies kommt besonders im Bereich des Staatsrechts vor. So enthalten bestimmte (staatsorganisatorische) Normen des Grundgesetzes (GG) Befugnisse, bei denen ein Verstoß zur Verfassungswidrigkeit der betreffenden Maßnahme führt. Auch die Grundrechte müssen dahingehend interpretiert werden, dass sie lediglich den Tatbestand anders formulieren (Schutzbereich) und die Rechtsfolge „weglassen", die gemäß der Grundrechtsfunktion darin besteht, die staatliche Gewalt gem. Art. 1 Abs. 3 GG zu einem bestimmten Tun, Dulden oder Unterlassen zu verpflichten.

Beispiel:
Bertold Hahn ist Empfänger von Sozialleistungen (Bürgergeld) und will an einer Demonstration gegen die Kürzung von Sozialleistungen teilnehmen. Da er nicht in der Lage ist, die Fahrtkosten selbst zu tragen, stellt er einen Antrag auf Erstattung der Fahrkosten und beruft sich auf das Grundrecht der Meinungsfreiheit. Schutzgut (Tatbestandsmerkmal) des Art. 5 Abs. 1 Satz 1 GG ist die freie Meinungsäußerung und -verbreitung. Als Abwehrrecht begründet es keine Ansprüche auf staatliche Leistung. Zu lesen: „Wird jemand darin beeinträchtigt, seine Meinung in Wort, Schrift und Bild frei zu äußern, so ist dies rechtswidrig, es sei denn diese Beschränkung ist durch die Schranken des Art. 5 Abs. 2 GG (insb. allgemeine Gesetze) gerechtfertigt." Bertold Hahn hat somit keinen Anspruch auf Erstattung der Fahrkosten aus dem genannten Grundrecht.

Von der konditional gefassten Rechtsnorm weicht der Gesetzgeber zudem aus Gründen der Übersichtlichkeit oder der Vereinfachung der Gesetzestechnik ab, indem er einzelne Tatbestandsmerkmale selbst definiert, Einzelheiten der Rechtsfolgeseite in mehreren Vorschriften zusammenfasst oder auf die Anwendung anderer Vorschriften verweist.

4.1 Auffinden der einschlägigen Rechtsnormen

Auf die Feststellung des tatsächlichen Ziels hin folgt die hypothetische Einführung einer dem tatsächlichen Begehren korrespondierenden Rechtsnorm. Stellt man sich Normen in einer Wenn-dann-Verknüpfung von Tatbestand (= Eingriffs- bzw. Anspruchsvoraussetzungen) und Rechtsfolge vor, so sind nur jene Normen geeignet, deren Rechtsfolge dem tatsächlichen Begehren entspricht. Zunächst muss also unter Bezugnahme auf das Gesetz die (möglicherweise) einschlägige Rechtsnorm ausfindig gemacht werden, mit deren Hilfe eine nachvollziehbare, abgesicherte und alle wesentlichen Gesichtspunkte beachtende Lösung erarbeitet und die Fallfrage beantwortet werden kann. Ob eine Vorschrift möglicherweise einschlägig ist, beurteilt sich zunächst wesentlich nach dem Gesichtspunkt, ob sie – im Hinblick auf die konkrete Fragestellung – eine „richtige", nämlich die **gesuchte Rechtsfolge** anordnet. Dies stößt im Verwaltungsrecht wegen der Vielzahl der Gesetze, Rechtsverordnungen und Satzungen auf keine geringen Schwierigkeiten und wird häufig dadurch erleichtert, dass in der Klausur anzuwendende (Spezial-)Gesetze als Hilfsmittel genannt sind oder aber – bei Aktenauszügen – als Rechtsmeinung eines Beteiligten auftauchen.

Bei mehreren in Frage kommenden Regelungen ist gedanklich immer nach der Normfolge des **Spezialgrundsatzes** (lex specialis derogat legi generali) vorzugehen, wonach das Spezialgesetz immer vor dem allgemeinen Gesetz anzuwenden ist (z. B. § 21 BImSchG als „lex specialis" zu § 49 VwVfG; § 79 Abs. 1 Nds. Bauordnung als „lex specialis" zu § 11 NPOG). Nur wenn das Spezialgesetz keine oder keine abschließende Regelung zur konkreten Fallfrage enthält, ist wiederum auf das allgemeine Gesetz zurückzugreifen. Der Grundsatz, dass untergeordnetes Recht übergeordnetem weicht (lex superior derogat legi inferiori), gilt auch für das Verhältnis von Verfassungsrecht zu einfachem Recht (Gesetz, Verordnung, Satzung). Im Übrigen gilt der Grundsatz der **Normenkonkurrenz**, d. h., mehrere „einschlägige" Regelungen gleichen Rangs sind nebeneinander anwendbar (Bedeutung im Verfassungsrecht, z. B. Überprüfung der Rechtmäßigkeit einer Maßnahme im Hinblick auf die Grundrechte).

4.2 Auslegung der Rechtsnormen (Interpretation)

Die Lösung eines Falls erschöpft sich nicht im Erfassen des Sachverhalts, dem Auffinden der passenden Vorschrift und deren Umsetzung auf den konkreten Fall. Wie die Vielzahl unbestimmter Rechtsbegriffe belegt, lässt sich das Vorliegen oder Nichtvorliegen eines Tatbestandsmerkmals oftmals nicht auf den ersten Blick aus dem Gesetzestext entnehmen. Es bedarf vielmehr häufig zunächst der Klärung, was mit dem gesetzlichen Tatbestand genau „gemeint" ist. Dem dient die **Interpretation (Auslegung)**, die zum Ziel hat, den Sinngehalt einer Norm zu erforschen. Hier wird in der Ausbildung und im Studium erwartet, dass dem Teilnehmer „klassische" unbestimmte Rechtsbegriffe geläufig sind (**Beispiel:** § 35 Abs. 1 Satz 1 GewO – Unzuverlässigkeit). Allerdings sollte man auch in der Lage sein, einen unbekannten Rechtsbegriff unter Anwendung der wörtlichen, historischen, systematischen bzw. teleologischen Auslegungsmethoden überzeugend zu interpretieren.

4.3 Gutachtentechnik i. e. S.

Im Mittelpunkt der Fallbearbeitung steht die Erarbeitung einer Lösung entsprechend den Regeln der **Gutachtentechnik**. Bei Ihrer Arbeit müssen Sie nicht nur bestimmte methodische Grundregeln, sondern auch bestimmte Stilformen beachten. In der Ausbildung und im Studium, in der/dem Sie regelmäßig die Aufgabe gestellt bekommen, ein Gutachten zur rechtlichen Bewertung eines bestimmten Sachverhalts anzufertigen, dominiert der Gutachtenstil. In Ihrer beruflichen Praxis wird demgegenüber der Urteils-(Bescheid-)stil dominieren.

Ausgehend von der gestellten Aufgabe muss der Bearbeiter die Lösung des Falles durch Aufstellen/Verwerfen von Lösungsalternativen schrittweise herantastend erarbeiten. Während beim Abfassen eines Bescheides das Ergebnis – der Bescheidtenor – am Anfang steht und durch eine nachfolgende Begründung im Indikativ nachvollziehbar gemacht wird **(„Denn-Stil"/„Urteils-Stil")**, darf das Gutachten den Leser nicht mit dem fertigen Ergebnis konfrontieren, sondern muss ihn gedanklich (logisch) zur Entscheidung hinführen **(„Also-Stil")**.

(Auch) in der Praxis dient das Gutachten der Unterbreitung eines Entscheidungsvorschlags, also auf eine bestimmte Frage eine richtige und schlüssige Antwort geben zu können. Am **Ende** des Gutachtens steht deshalb als **Ergebnis** die Antwort auf die gestellte Aufgabe.

Aus dieser Zielrichtung ergeben sich für das Gutachten folgende Arbeitsschritte:

4.3.1 Arbeitshypothese

Unter Bezugnahme auf die (möglicherweise) einschlägige Rechtsnorm oder das Rechtsproblem wird zu Beginn eine **Arbeitshypothese** aufgestellt, die sich als richtig oder falsch erweisen kann. Dabei sind die zu prüfenden Tatbestandsmerkmale der Rechtsnorm zu nennen. Diese Arbeitshypothese wird entweder konjunktiv oder hypothetisch formuliert (z. B. „In Betracht kommt...", „Eine Anhörung könnte notwendig sein ...").

> **Beispiel:**
> Die Gewerbeuntersagung müsste materiell rechtmäßig sein. Dies ist der Fall, wenn der Tatbestand der Ermächtigungsgrundlage erfüllt ist und die Behörde die richtige Rechtfolge zieht.

4.3.2 Untersuchungsprogramm (einschließlich der Definition[en])

Nun werden die Voraussetzungen ermittelt, bei deren Vorliegen das vorgeschlagene (Arbeits-) Ergebnis eintreten wird. Es kommt zum Aufstellen eines Untersuchungsprogramms durch konkrete Nennung der maßgeblichen Normen.

> **Beispiel:**
> Da es sich um eine für Holter eingreifende Maßnahme handelt, ist nach dem Vorbehalt des Gesetzes (Art. 20 Abs. 3 GG) eine Ermächtigungsgrundlage erforderlich. Als Ermächtigungsgrundlage kommt § 35 Abs. 1 S. 1 GewO in Betracht. Danach ist die Gewerbeausübung, wenn bestimmte Voraussetzungen vorliegen, zu untersagen. Zunächst müsste Holter ein Gewerbe betreiben.

Die Anwendung der Rechtsnorm (Subsumtion) setzt klare Rechtsbegriffe voraus. Erst wenn das einschlägige Tatbestandsmerkmal der Norm entsprechend aufbereitet – **definiert** – ist, lässt sich die Übereinstimmung mit den Tatsachen im Sachverhalt feststellen und eine zum Ergebnis führende Schlussfolgerung ziehen. Die Anwendungsbedingungen können zum Teil durch Ergänzungs- und Hilfsnormen identifiziert werden. Da der Gesetzgeber häufig unbestimmte Rechtsbegriffe (z. B. „Unzuverlässigkeit", „Eignung", „Eigentum") verwendet, sind die fraglichen Begriffe regelmäßig zunächst mit Hilfe der **Auslegungsmethoden** zu definieren. Mitunter haben aber die Gerichte durch ihre Spruchpraxis für eine so eindeutige Definition eines unbestimmten Rechtsbegriffes gesorgt, dass die Auslegungsmethoden nicht mehr ausdrücklich bemüht werden müssen. So liefert beispielsweise die Gewerbeordnung keine Legaldefinition für den Begriff Gewerbe, obgleich es sich hier um die zentrale Begrifflichkeit des Gewerberechts handelt.[2] Gewerbe, so die gefestigte Rechtsprechung, ist jede nicht sozial unwertige, auf Dauer angelegte, selbstständige, auf Gewinnerzielung angelegte Tätigkeit, die nicht Urproduktion, Ausübung sog. freier Berufe oder bloße Verwaltung oder Nutzung eigenen Vermögens ist.[3] Diese Definition enthält ihrerseits wiederum erläuterungsbedürftige Begriffe. Im konkreten Fall muss dann eine weitergehende Definition gegeben werden. So ist selbstständig tätig, wer auf eigene Rechnung und eigene Gefahr nach außen im eigenen Namen auftritt und im Innenverhältnis in persönlicher und sachlicher Unabhängigkeit eigene Verantwortung trägt.[4]

Der **Beispielsfall** weist nun verschiedene unbestimmte Rechtsbegriffe auf: Gewerbe, Tatsachen, Unzuverlässigkeit, Schutz der Allgemeinheit, im Betrieb Beschäftigte.

Alle sind auszulegen, ehe dann eine Subsumtion in Betracht kommt. Dies soll **exemplarisch** an den unbestimmten Rechtsbegriffen „Tatsachen und Unzuverlässigkeit" aufgezeigt werden:

Beispiel:
Tatsachsen sind dem Beweis zugängliche Geschehnisse[5]. **Unzuverlässig** im Sinne des § 35 Abs. 1 S. 1 GewO ist, wer nicht die Gewähr dafür bietet, dass er in Zukunft sein Gewerbe ordnungsgemäß ausüben wird. Zu den Pflichten, die der Gewerbetreibende beachten muss, gehört auch die Abführung der gewerbebezogenen Steuern. Wird diese Pflicht in nicht unerheblichem Maße verletzt, führt dies zur Unzuverlässigkeit. Die Frage, wann von einer gewerberechtlich relevanten Steuerschuld auszugehen ist, richtet sich nach der Gesamtsituation des betroffenen Gewerbetreibenden. Dabei ist auch das Verhältnis von Steuerschuld zum Umsatz des Gewerbes von Bedeutung.[6]

---

[2] zu den Hintergründen der gesetzgeberischen Zurückhaltung siehe nur *Tettinger/Wank/Ennuschat*, GewO-Kommentar, § 1 Rdnr. 2 ff. m. N.

[3] vgl. nur BVerwG NJW 2008, S. 1974

[4] *Tettinger/Wank/Ennuschat*, Fn. 2, Rdnr. 31

[5] Nicht immer gibt es nur eine Definition für einen unbestimmten Rechtsbegriff. Mit guten Gründen werden Tatsachen auch wie folgt definiert: Tatsachen sind bewiesene Geschehnisse. Im Einzelfall kann es dann darauf ankommen, zu klären, welche Definition die gebotene Leistungsfähigkeit hat.

[6] *Tettinger/Wank/Ennuschat*, Fn. 2, Rdnr. 51 ff. m. N.

Die Beurteilung der Unzuverlässigkeit erfolgt in zwei Schritten. Zunächst werden Tatsachen (Bezug: Vergangenheit und/oder Gegenwart) ermittelt [1. Schritt], die dann Grundlage für die Einschätzung [2. Schritt] sind, ob der Gewerbetreibende fortan seine Tätigkeit ordnungsgemäß ausüben wird (Zukunft/Prognose).

4.3.3 Subsumtion

Die rechtliche Würdigung darf keine abstrakte Erörterung von Rechtsfragen sein, sondern muss Bezug zu Sachverhalt und Aufgabe haben. Um die Norm auf den konkreten Fall anzuwenden, muss der zu begutachtende Sachverhalt dem definierten Rechtsbegriff **zugeordnet**, d. h. unter den Tatbestand der Entscheidungsnorm **subsumiert** werden. Mithilfe der Subsumtion wird also festgestellt, ob der betrachtete Wirklichkeitsausschnitt von der infrage stehenden Norm erfasst wird. Auf diesen Vergleich des gesetzlichen Tatbestandes mit dem Sachverhalt sollte besonderes Augenmerk gelegt werden. Dabei ist ein Lösungsansatz zu erarbeiten, der so ausführlich ist, dass ein sachkundiger Dritter – in der Verwaltungspraxis der Vorgesetzte – die Entscheidung nachvollziehen (selbst treffen) kann.

Die Subsumtion knüpft methodisch an das Bedingungsverhältnis von Tatbestand und Rechtsfolge an und muss deshalb auch **für jedes einzelne Tatbestandsmerkmal** durchgeführt werden. Ein Gutachten wirkt aber schwerfällig, wenn man jeden logischen Schritt für die Darstellung einplant und der Leser ständig auf die gleichen Formeln stößt („Es ist zu prüfen ...“; „Folglich ist ...“). Wie ausführlich oder knapp die Darstellung der einzelnen Gesichtspunkte in der Niederschrift erfolgt, muss nach der Schwierigkeit des Problems gewichtet werden, sodass **unproblematische** Gedankenschritte „übersprungen“ und ergebnisorientiert im Urteilsstil formuliert werden können. Außerdem gestaltet sich die Subsumtion kompliziert, wenn bei der Definition ein Rechtsbegriff auftaucht, der nicht einfach angewendet werden kann, sondern noch einmal in Unterbegriffe zu zerlegen ist (sogenannte Untersubsumtion).

Beispiel:
Die Gewerbebehörde stützt ihre Maßnahme auf die gesicherte Information, dass der Gewerbetreibende in den vergangenen Jahren seine Steuerschuld nicht beglichen hat. Die aktuelle Steuerschuld beträgt 45.450 € und sie steigt weiter an. Nach eigenen Angaben fehlen ihm die Mittel, die Steuerschuld zu begleichen. Bei den Informationen (Steuerschuld über 45.500 €, in mehreren Jahren aufgelaufen, eine Rückzahlung ist nicht möglich) geht es somit um Tatsachen, die im Hinblick auf die Zuverlässigkeit des A. relevant sein können und in Verbindung mit dem von ihm ausgeübten Gewerbe stehen [**1. Subsumtion**]. Zur ordnungsmäßigen Führung seines Gewerbes gehört die Begleichung der staatlichen Steuern. Dieser Pflicht ist H. in den vergangenen Jahren nicht nachgekommen. Im Hinblick auf die Größe des Betriebes, es werden lediglich zwei Mitarbeiter, davon eine Kraft in Teilzeit, beschäftigt, ist von einer erheblichen Steuerschuld auszugehen. Die Steuerschuld steht in unmittelbarem Zusammenhang mit dem Gewerbebetrieb. Auch wird er in der Zukunft diese Steuerschuld nicht begleichen können. Vielmehr fehlen ihm die wirtschaftlichen Mittel, die vorhandene Steuerschuld wie auch die durch den aktuellen Betrieb neu

entstehenden Steuern zu begleichen. Max Holter besitzt damit nicht die erforderliche Zuverlässigkeit für den Gebrauchtwagenhandel [**2. Subsumtion**].

Im Beispielsfall sind sodann die weiteren tatbestandlichen Voraussetzungen des § 35 Abs. 1 S. 1 GewO zu bearbeiten.[7]

4.3.4 Ergebnis

Als **Schlussfolgerung** aus der vorstehenden Prüfung muss das Gutachten mit einem im Indikativ formulierten **Ergebnis** (oder Zwischenergebnis) enden. Dabei ist ein abschließender Entscheidungsvorschlag zu formulieren, der bei Klausuren aus der Antwort auf die gestellte Frage besteht.

Beispiel:
Der Widerspruch des Manfred Gruber ist zulässig, aber unbegründet. Ich schlage daher vor, den Widerspruch zurückzuweisen.

Beispiel:
Max Holter ist die Ausübung des Gebrauchtwagenhandels zu untersagen.

4.4 Problemorientierung und Schwerpunktsetzung

In verwaltungsrechtlichen Klausuren sind stets Verständnisfragen und Wissensfragen vermischt. Da immer ein Sachverhalt vorgegeben ist, müssen Sie prüfen, ob dieser einen gesetzlichen Tatbestand erfüllt. Sie müssen also erkennen, dass der Klausursachverhalt ein bestimmtes Problem im Hinblick auf die Rechtsanwendung eines bestimmten gesetzlichen Tatbestandes enthält und Sie müssen dieses Problem entscheiden. Dabei verwenden Sie auf die Darstellung und Lösung eines bestimmten Problems nur den Raum, der der Schwierigkeit angemessen ist. Jeder weitere Satz wäre überflüssig, wenn der Sachverhalt zu solchen Erörterungen keinen Anlass bietet **(Minimalprinzip der Rechtsanwendung)**.

Beispiel:
Im obigen Fall ist von einem „Gebrauchtwagenhandel" die Rede, sodass sich weiterführende Ausführungen zu ähnlichen gewerblichen Aktivitäten erübrigen. Im Sachverhalt gibt es keine Anhaltspunkte dafür, dass Max Holter weitere Pflichten (z. B. vertragliche Schlechtleistungen; betrügerisches Verhalten) verletzt hat. Für die Prüfung der „Unzuverlässigkeit" kommt es allein auf die Steuerschuld des Max Holter an, sodass die tatenlose Duldung möglicher strafbarer Handlungen nicht entscheidungserheblich ist. Von Bedeutung ist

[7] Im Rahmen der gutachtlichen Bearbeitung würde festgestellt werden, dass auch diese Voraussetzungen vorliegen.

aber die im Sachverhalt geschilderte Rechtsauffassung des Max Holter hinsichtlich der fehlenden wirtschaftlichen Leistungsfähigkeit. Diese Information unterstreicht die Prognose, dass Holter auch künftig nicht in der Lage sein wird, die Steuerschuld zu begleichen.

Beachten Sie als eiserne Regel des Gutachtens, dass Sie jeder niedergeschriebene Satz bei der Beantwortung der Ausgangsfrage ein Stück weiterbringen muss: „Alles, was die Lösung des Falles nicht fördert, ist überflüssig." M. a. W.: Die Länge einer Arbeit ist kein Indiz für ihre gehobene Qualität.

4.5 Normzitate

Das Gesetz, dessen Anwendbarkeit überprüft wird, ist zu zitieren. Zitieren heißt nicht wörtlich abschreiben, sondern nur zur näheren Begründung im Rahmen der Subsumtion verwenden. §§-Angaben sind so genau wie möglich zu machen.

Beispiele:
§ 48 Abs. 1 Satz 1 VwVfG; § 73 Abs. 1 S. 2 Nr. 1 VwGO; § 79 Abs. 1 S. 1 NBauO; §§ 79, 31 Abs. 1 VwVfG i. V. m. § 187 ff. BGB

4.6 „Richtige" oder „falsche" Lösung

Häufig ist in Klausuren eine Lösung nicht eindeutig richtig oder falsch. Auch bei den Gerichten werden nicht alle Urteile einstimmig getroffen – und dass die Lösungen der **Mindermeinung** unter den Richtern eindeutig falsch seien, wird man nicht ohne weiteres sagen können. Für Klausuren gilt Folgendes:

Sofern sich ein Sachverhalt ganz eindeutig unter einen Tatbestand subsumieren lässt, ist jede andere als die gesetzliche Lösung falsch. Lässt das Gesetz mehrere Lösungsmöglichkeiten zu, hat aber die Verwaltung über die Richtlinien oder die Rechtsprechung bereits eine Auslegungsmöglichkeit für richtig erklärt, dann ist diese Lösung nie falsch, wenn Sie sie in einer Klausur vertreten. Eine abweichende Meinung, die Sie vertreten, etwa weil es zu einem Problem noch keine Rechtsprechung gibt oder Ihnen diese nicht bekannt ist, bedarf der dezidierten **schlüssigen** und **folgerichtigen** Begründung. Dabei ist vom Sinn und Zweck einer gesetzlichen Regelung her zu argumentieren.

4.7 Richtige, klare und gefällige Sprache

Sie sollten nicht nur die juristischen Stilformen beherrschen, sondern auch darauf Wert legen, richtig, klar und gefällig zu formulieren. Einzelne Fehler unterlaufen jedem und sind deshalb kein Grund zur Besorgnis. Gehäuft auftretende Fehler trüben jedoch den Gesamteindruck, den man von einer Arbeit gewinnt. Ein guter Stil verstärkt die Überzeugungskraft Ihrer Argumente und trägt zu einem guten Gesamteindruck Ihrer Darlegungen bei. Vermeiden Sie überflüssige Wörter, vor allem **Verstärkungswörter** wie „fraglos“, „zweifellos“, „evidentermaßen“ oder „natürlich“, und gebrauchen Sie keine **Füllwörter** wie „irgendwie“ oder „gleichsam“. Gebrauchen Sie keine **Fremdwörter**, um zu imponieren, oder weil das betreffende Wort gerade in Mode ist. Deshalb „bejahen“ Sie besser, statt zu „affirmieren“, oder „ersetzen“ Sie statt zu „substituieren“. Freilich mag es einen guten Grund dafür geben, ein Fremdwort zu gebrauchen: Es mag eingebürgert und/oder einfacher bzw. genauer sein als eine deutsche „Übersetzung“ (**Beispiele** aus der Alltagssprache: „E-Mail“ statt elektronischer Brief, „Airbag“ statt Luftsack, „Chaos“ statt große Unordnung). Auch werden Sie in jedem Rechtsgebiet bestimmte Wendungen kennenlernen, die seit jeher gebraucht werden (im Verwaltungsrecht z. B. Verböserung).

5. BESCHEIDTECHNIK

5.1 Grundlagen

Zwingende gesetzliche Vorgaben zum konkreten Aufbau eines behördlichen Bescheides gibt es nicht. Das Verwaltungsverfahrensrecht enthält aber verschiedene Regelungen, zu den **Pflichtbestandteilen** eines Bescheides.

So bestimmt § 37 Abs. 3 VwVfG, dass der schriftliche Bescheid die erlassende Behörde und die Unterschrift des zuständigen Verwaltungsmitarbeiters enthalten muss. Nach § 39 Abs. 1 S. 1 VwVfG ist ein schriftlicher Verwaltungsakt zu begründen, sofern nicht eine Ausnahme nach Absatz 2 greift. Das Bestimmtheitsgebot des § 37 Abs. 1 VwVfG fordert den Hinweis auf die erlassende Behörde, die konkrete Bezeichnung des Adressaten des Verwaltungsaktes und die eindeutig formulierte Regelung. Entscheidet sich die Behörde bei der Bekanntgabe für die Zustellung (§ 41 Abs. 5 VwVfG i. V. m. den entsprechenden Vorschriften des Verwaltungszustellungsrechts), muss sich dies aus den Behördenunterlagen ergeben. Im Regelfall wird ein entsprechender Vermerk auf dem in der Akte verbliebenen Entwurf des Bescheides angebracht.

Was den grundlegenden Aufbau betrifft, so hat sich in der Vergangenheit eine **Grundstruktur** herausgebildet, die aus **vier Elementen**[8] besteht:

- Bescheidanfang
  (mit den Elementen: erlassende Behörde, Informationen zu den behördlichen Ansprechpartnern, Aktenzeichen, ggfs. Zustellungsvermerk, Adressat, Bezugszeile, persönliche Anrede)
- Tenor
  (umfasst die Hauptregelung, ggfs. Nebenbestimmungen und Nebenentscheidungen)

[8] vgl. auch *Rüssel, Ulrike/Sensburg, Patrik Ernst*, VR 2004, S. 38 f.

- Begründung
- Schluss
  (enthält die Grußformel und Unterschrift und regelmäßig eine Rechtsbehelfsbelehrung[9])

Diese Aufbaustruktur hat sich in vielen Verwaltungen durchgesetzt. Sie ist damit auch Ausgangspunkt für die in den folgenden Kapiteln vorgestellten Muster. Gleichwohl ist es der Verwaltungspraxis nicht verwehrt, eine andere Struktur zu wählen. Entscheidend ist, dass die gesetzlichen Vorgaben Berücksichtigung finden.

Etwas plakativ formuliert bedeuten diese Grundelemente Folgendes: Dem **ersten Element** ist zu entnehmen, **wer von wem** etwas will. Der **Tenor** sagt, was der Bürger tun darf, unterlassen soll oder tun muss. Aus der **Begründung** kann der Bürger erkennen, warum er etwas veranlassen oder unterlassen muss. Die **Rechtsbehelfsbelehrung** zeigt dem Bürger, wie er sich gegen die Behördenentscheidung wehren kann, um den Verwaltungsakt zu beseitigen, zu ändern oder aber einen anderen Verwaltungsakt zu erhalten.

Der **Tenor** enthält die eigentliche Regelung (vgl. auch § 35 S. 1 VwVfG). Dabei sind drei **Grundelemente** zu unterscheiden:

Tenor:

- Hauptregelung(en)
- Nebenbestimmungen
  (Arten: siehe § 36 Abs. 2 VwVfG)
- Nebenentscheidung(en*)
  - Kosten(last)entscheidung
  - Zwangsmittelentscheidung (z. B. Zwangsgeldandrohung)
  - Anordnung der sofortigen Vollziehung
    (§ 80 Abs. 2 S. 1 Nr. 4 VwGO)

* Nachfolgend werden – in der Praxis wichtige – Beispiele genannt;
weitere Nebenentscheidungen sind denkbar

5.2 Bescheidstil

§ 39 Abs. 1 VwVfG formuliert in den Sätzen 2 und 3 VwVfG Anforderungen an den Inhalt einer Bescheidbegründung. Hiernach sind in der Begründung die wesentlichen tatsächlichen und rechtlichen Gründe mitzuteilen. Die Begründung von Ermessensentscheidungen soll zudem die Gesichtspunkte erkennen lassen, von denen die Behörde bei der Ausübung ihres Ermessens ausgegangen ist.

[9] Siehe § 37 Abs. 6 VwVfG.

Zum eigentlichen Schreibstil enthält das Gesetz keine Vorgaben. Gleichwohl hat sich im Interesse einer Adressatenorientierung herausgebildet, dass der **Gutachtenstil** bei der Darstellung der rechtlichen Gründe **nicht** verwandt wird. Es kommt vielmehr der sog. **Urteilsstil** zum Tragen.

Zwischen dem Urteils- und dem Gutachtenstil besteht ein wesentlicher methodischer Unterschied. Wird beim Gutachtenstil eine Frage (sog. Hypothese) aufgeworfen, deren Antwort erst gefunden werden muss, steht beim Urteilsstil das Ergebnis fest und wird anschließend begründet. In methodischer Hinsicht vollzieht sich der Urteilsstil in folgenden Schritten:[10]

Urteilsstil – Darstellungsabfolge

1. **Schritt:**
   Nennen des Ergebnisses
2. **Schritt:**
   Nennen der rechtlichen Grundlagen
   (Tatbestand, Definition unbestimmter Rechtsbegriffe,
   Bestimmung, Rechtsfolge)
3. **Schritt:**
   Subsumtion

Bei komplexeren rechtlichen Darstellungen bietet es sich an, den zweiten und dritten Schritt für das jeweilige Merkmal bzw. für die Darstellung der Ermessenserwägungen zu wiederholen. Inhaltlich fordert der Urteilsstil eine straff geführte, klare Argumentation. Häufig werden beim Urteilsstil die Worte: „denn ..., da ..., weil ..., nämlich ...“ verwandt, um so die Argumente für das bereits mitgeteilte Ergebnis zu untermauern.

Beispiel:

Die begehrte Erlaubnis

Sachverhalt:

Martin Anton (A.) beantragt bei der zuständigen Behörde die nach § 33 c Abs. 1 S. 1 GewO erforderliche Erlaubnis zum gewerbsmäßigen Aufstellen von Spielgeräten, die mit einer den Spielausgang beeinflussenden technischen Vorrichtung ausgestattet sind und die Möglichkeit eines Gewinns bieten.
A. ist lt. Auszug aus dem aktuellen polizeilichen Führungszeugnis 1 Jahr vor Antragstellung wegen Betruges zu einer Freiheitsstrafe von einem Jahr verurteilt worden.
Die Strafe ist zur Bewährung ausgesetzt worden.

Aufgabenstellung:
Es ist zu untersuchen, ob die begehrte Erlaubnis zu erteilen ist.

[10] In Anlehnung an *Stein*, Bescheidtechnik, S. 36 f.; mitunter wird der 2. Schritt getrennt.

Bearbeitungshinweise:

1. *Es sind nur materielle Aspekte zu thematisieren.*
2. *Von der Erlaubnispflichtigkeit des beantragten Gewerbes ist auszugehen.*

Lösung

Darlegungen im **Gutachtenstil**	Darlegungen im **Urteilsstil**
Arbeitshypothese A. könnte einen Anspruch auf die begehrte Erlaubnis haben. Untersuchungsprogramm Gemäß § 33 c Abs. 2 GewO ist im Umkehrschluss die begehrte Erlaubnis zu erteilen, wenn keine Tatsachen vorliegen, die die Annahme rechtfertigen, dass der Antragsteller die für dieses Gewerbe erforderliche Zuverlässigkeit nicht besitzt. *Tatbestandsmerkmal – Definition 1* Tatsachen sind dem Beweis zugängliche Geschehnisse. Subsumtion 1 Hier liegt eine strafrechtliche Verurteilung vor. Dies ergibt sich aus dem amtlichen Führungszeugnis. Somit liegen Tatsachen vor. *Tatbestandsmerkmal – Definition 2* Diese Tatsachen müssen die Unzuverlässigkeit des A. begründen. Unzuverlässig ist nach § 33 c Abs. 2 S. 2 GewO i. d. R. derjenige, der in den letzten drei Jahren vor der Antragstellung u. a. wegen Betruges rechtskräftig verurteilt wurde. Subsumtion 2 A. wurde ein Jahr vor Antragstellung wegen Betruges rechtskräftig verurteilt. Damit fehlt grundsätzlich die erforderliche Zuverlässigkeit. Eine andere Beurteilung wäre aber dann gegeben, wenn hier eine Ausnahme von dieser Regelannahme vorliegen würde. Dafür müsste eine sog. atypische Sachverhaltsgestaltung vorliegen. Anhaltspunkte hierfür sind nicht ersichtlich. Also besitzt A. nicht die erforderliche Zuverlässigkeit. Ergebnis Somit ist A. die Erlaubnis zu versagen.	Ergebnis Die Erlaubnis ist A. zu versagen. Rechtsnorm Dies ergibt sich aus § 33 c Abs. 2 Satz 1 und 2 GewO, da Tatsachen vorliegen, die die Unzuverlässigkeit des Antragstellers begründen. Subsumtion Hier liegen gemäß § 33 c Abs. 2 S. 1 GewO Tatsachen, nämlich dem Beweis zugängliche Geschehnisse in Gestalt der durch das polizeiliche Führungszeugnis nachgewiesenen strafrechtlichen Verurteilung, vor. Diese Tatsachen rechtfertigen die Regelannahme der fehlenden Zuverlässigkeit gemäß § 33 c Abs. 2 S. 2 GewO, da A. innerhalb der letzten drei Jahre vor Antragstellung wegen Betruges rechtskräftig verurteilt wurde. Diese Verurteilung erfolgte ein Jahr vor der Antragstellung. Ausnahmen von dieser Regelannahme, die in atypischen Fällen denkbar sind, sind hier nicht ersichtlich.

Die **Bescheidbegründung** sollte so abgefasst sein, dass der Adressat sie ohne weiteres verstehen kann. Dies fordert eine verständliche, nachvollziehbare Sprache. Es gilt auch heute noch der vom Altbundespräsidenten von Weizäcker formulierte Satz: „Alle, die wir in Gesetzgebung, **Verwaltung** und Rechtsprechung Verantwortung tragen, stehen im Dienst der Bürgerinnen und Bürger. Schon deshalb müssen wir uns schriftlich und mündlich so ausdrücken, dass sie uns verstehen: **einfach, klar, partnerschaftlich und verständlich**."[11]

Bescheid – Aufbauschema

Grund-elemente	Bescheidbestandteile	Rechtsgrundlagen
Bescheid-anfang	— Behörde — behördlicher Ansprech-partner/Aktenzeichen — ggfs. Zustellungsart — Adressat — Betreff/Bezug — Persönliche Anrede	§ 37 Abs. 1 und 3 VwVfG §§ 41 Abs. 5, § 1 Abs. 1 NVwZG[12], VwZG §§ 37 Abs. 1, 41 Abs. 1 VwVfG
Tenor	— Hauptregelung — Nebenbestimmung(en) — Nebenentscheidung(en)	§§ 37 Abs. 1, 35 S. 1 VwVfG § 36 Abs. 2 VwVfG § 80 Abs. 2 S. 1 Nr. 4 VwGO (für die Anordnung der sof. Vollziehung)
Begründung	— Tatsachen — Rechtsgründe — Ermessenserwägungen	§ 39 Abs. 1 S. 2 VwVfG § 39 Abs. 1 S. 2 VwVfG § 73 Abs. 3 VwGO (Widerspruchsbescheid) § 39 Abs. 1 S. 3 VwVfG, § 73 Abs. 3 VwGO und § 80 Abs. 3 S. 1 VwGO (Anordnung der sof. Vollziehung)
Schluss	— Rechtsbehelfsbelehrung — Unterschrift	§§ 37 Abs. 6 VwVfG, 58, 70 Abs. 2 oder 74 VwGO § 37 Abs. 3 VwVfG

[11] zitiert nach *Wilhelm, Hermann*, DVP 2010, S. 189 [191]

[12] Soweit eine Landesbehörde handelt, ist regelmäßig auf das VwZG des Landes zurückzugreifen. Handelt es sich um ein Verweisungsgesetz wie in Niedersachsen, dann ergibt sich aus dem Bundesverwaltungszustellungsgesetz, welche Zustellungsarten in Betracht kommen.

5.3 Vertiefungshinweise

a) Fallbearbeitungen

Drape, Sabine/Globisch, Helmut/Weidemann, Holger, Der abgestellte Werbeanhänger, DVP 2006, S. 427 ff.
Globisch, Helmut/Weidemann, Holger, Flohmarkt am Sonntag – Teil 1, DVP 2012, S. 252 ff.
Weidemann, Holger/Globisch, Helmut, Der unzuverlässige Mitarbeiter, DVP 2017, S. 335 ff.
Rotaug, Michael/Weidemann, Holger, Das zu kleine Baugrundstück, DVP 2017, S. 462 ff.

b) Bescheidtechnik

Aufsätze

Haurand/Vahle, „Technik geistigen Arbeitens – der Umgang mit Klausuren, Methodische Hinweise für die Abfassung von Gutachten, Vermerken und Bescheiden", DVP 1998, S. 179 ff.
Rüssel/Sensburg, Bescheidtechnik im Verwaltungsverfahren, VR 2004, S. 37 ff.
Stein, Reiner, Das Rollenspiel im Fach Bescheidtechnik – ein fachübergreifendes Unterrichtsprojekt – DVP 2011, S. 354 ff.
Wilhelm, Hermann, Bescheidtechnik und Verwaltungssprache – Versuch einer Annäherung – DVP 2010, S. 189 ff.
Wilhelm, Hermann, Aufbau eines Bescheides – kurz gefasst – DVP 2010, S. 363 f.
Wübbenhorst, Hendrik, J.C., Der Ausgangsbescheid, JA 2022, S. 2022, S. 156 ff.
Vahle, Jürgen, „Die Amtssprache ist ... deutsch", DVP 2004, S. 412 f.

Bücher

Berger, Peter, Flotte Schreiben vom Amt, Eine Stilfibel, 2. Aufl. 2006
Linhart, Helmut, Der Bescheid, 5. Aufl., 2017
Linhart, Helmut, Schreiben, Bescheide, und Vorschriften in der Verwaltung, Loseblattsammlung, Stand April 2019
Müller-Grune, Sven, Bescheidtechnik, 3. Aufl. 2017
Schmidt, Klaus, Bescheide richtig abfassen, 2009
Stein, Reiner, Bescheidtechnik, 3. Aufl. 2009
Volkert, Werner, Die Verwaltungsentscheidung, 5. Aufl. 2010

III. VORBEREITENDE MASSNAHMEN

(Anhörung, Beibringen von Unterlagen, Erörterung, Mitteilung einer staatlichen Behörde, Vermerke)

Muster 1: Der unerlaubte Spielhallenbetrieb I (Vermerk, Anhörung)

Stadt Hameln 07.04.2022
– Fachbereich Recht und Ordnung –
Az.: 32/20-05

[12] 1. Vermerk:

Meine amtlichen Ermittlungen haben Folgendes ergeben:

Herr Egon Müller betreibt in der Stadt Hameln, Mindener Straße 4, die Gaststätte „Wesereck".

Im Hinterraum der Gaststätte hat Herr Müller Umbauten vorgenommen. Er hat dort sieben Unterhaltungsspielgeräte mit Gewinnmöglichkeit aufgestellt und den Gästen zur Verfügung gestellt.

Es handelt sich bei der Umgestaltung des Hinterraumes um eine Spielhalle gemäß § 33 i der Gewerbeordnung, welche gemäß § 33 i Abs. 1 S. 1 GewO erlaubnispflichtig ist. Außerdem ist für das Betreiben dieser Spielhalle eine Erlaubnis nach § 42 GlüStV erforderlich. Herr Müller ist nicht im Besitz dieser Erlaubnisse.

Ein Antrag auf Erteilung der Erlaubnisse liegt nicht vor. Zurzeit kann auch nicht abgeschätzt werden, ob ein Anspruch auf Erteilung der Erlaubnis besteht, da nicht geklärt ist, ob die einschlägigen Brandschutzbestimmungen eingehalten werden.

Es ist daher geboten, die Fortsetzung dieses Spielhallenbetriebes zu untersagen. Vor Erlass der Verfügung ist eine Anhörung gemäß § 28 VwVfG durchführen.

Klaus Schäfer

2. Herr Meier mit der Bitte, das Anhörungsschreiben zu entwerfen.

E.

[4] **Stadt Hameln** 08.04.2022
[1] **Der Oberbürgermeister**
– Fachbereich Recht und Ordnung –
Rathausstraße 1
31785 Hameln

Ihr Zeichen, ihre Nachricht vom	**Mein Zeichen**	**Sachbearbeitung**
	Az: 32/20-05	Herr Meier (05151) 202-3212

[2,3] 1.
Einfacher Brief
Herrn
Egon Müller
Mindener Straße 4
31592 Hameln

[11] **Untersagunsverfügung**
(Anhörung gemäß § 28 Verwaltungsverfahrensgesetz (VwVfG)[13])

Sehr geehrter Herr Müller,

meine amtlichen Ermittlungen haben ergeben, dass Sie im Hinterraum Ihrer Gaststätte „Wesereck", Mindener Straße 4, Umbauten vorgenommen haben. Sie haben dort jetzt Unterhaltungsspielgeräte mit Gewinnmöglichkeit aufgestellt und bieten Ihren Gästen die Möglichkeiten, diese zu bedienen. Es handelt sich bei der Neugestaltung des Hinterraumes daher um eine Spielhalle im Sinne des § 33 i der Gewerbeordnung (GewO).[14]

Gemäß § 33 i Abs. 1 S. 1 GewO ist für das Betreiben einer derartigen Spielhalle eine Erlaubnis erforderlich. Außerdem benötigen Sie für das Betreiben einer derartigen Spielhalle eine Erlaubnis nach § 24 Glückspielstaatsvertrag (GlüStV).[15] Sie sind weder im Besitz der Erlaubnisse noch haben Sie diese bisher bei mir beantragt. Da zurzeit nicht geklärt ist, ob die einschlägigen Brandschutzbestimmungen eingehalten werden, kann selbst im Falle einer Antragstellung zurzeit nicht abgeschätzt werden, ob Sie einen Anspruch auf die Erteilung der Erlaubnis haben.

---

[13] in der Fassung der Bekanntmachung vom 23. Januar 2003 (BGBl. I S. 102), das zuletzt durch Artikel 24 Absatz 3 des Gesetzes vom 25. 06.2021 (BGBl. I S. 2154) geändert worden ist.

[14] in der Fassung der Bekanntmachung vom 22. Februar 1999 (BGBl. I S. 202), die zuletzt durch Artikel 2 des Gesetzes vom 4. Dezember 2022 (BGBl. I S. 2146) geändert worden ist .

[15] Glücksspielstaatsvertrag 2021 vom 29. Oktober 2020 zuletzt geändert durch Staatsvertrag vom 7. März/ 24. März 2022 als Anlage zum Gesetz vom 29.06.2022 (Nds. GVBl. S. 412).

Ich beabsichtige daher, Ihnen die Fortsetzung dieses Spielhallenbetriebes gemäß § 15 Abs. 2 S. 1 GewO zu untersagen.

Ich gebe Ihnen hiermit **Gelegenheit, sich zu dieser Angelegenheit zu äußern**. Sollte ich **bis zum 22.04.2022** keine Nachricht von Ihnen erhalten, werde ich nach Aktenlage entscheiden.

Mit freundlichen Grüßen
Im Auftrage
Meier
2. Wvl.: 21.04.2022
i.A. *Meier*

Muster 2: Das illegale Wochenendhaus (Vermerk, Erörterung)

Diepholz, den 15. Oktober 2022
AZ.: 63-7/2019

[12] **1. Vermerk**

[10] **Beabsichtigte Abrissverfügung und Nutzungsuntersagung – Erörterung**

Anlässlich einer heute durchgeführten Ortsbesichtigung habe ich festgestellt, dass Ingo Kruse, wohnhaft in 28000 Bremen, Rheinstraße 169 f, auf seinem Grundstück in Sulingen, Flur 37, Flurstück 14 der Gemarkung Moorheide ein Wochenendhaus errichtet hat. Die Ausmaße des Gebäudes betragen 4,50 x 6,30 m. Ein Blick durch die Fenster zeigt, dass sich folgende Räume im Gebäude befinden: Wohnraum, Schlafzimmer (mit 2 Betten), Bad und eine kleine Küche. Vor dem Wohnzimmer wurde eine überdachte Terrasse errichtet (2 m x 3 m).

Das Baugrundstück liegt im Außenbereich der Stadt Sulingen. Eine Baugenehmigung liegt weder vor noch kann sie nachträglich erteilt werden.
Planungsrechtliche Gesichtspunkte sprechen gegen die Zulassung des Vorhabens (§35 II BauGB).

Die Nachbarn sagen, dass Herr Kruse das Wochenendhaus regelmäßig am Wochenende nutzt und dass das Gebäude vor ca. 10 Jahren von ihm errichtet wurde.

Da das Gebäude dem öffentlichen Baurecht widerspricht, ist der Abriss zu verlangen und die weitere Nutzung zu untersagen.

Ich habe wiederholt versucht, den Eigentümer telefonisch zu erreichen. Leider ist ein Kontakt nicht zustande gekommen. Es ist daher ein schriftliches Erörterungsverfahren durchzuführen.

2. Herrn Liense z. K. u. w. V.

Wellinghausen

[4] **Landkreis Diepholz**
[1] **Der Landrat**

Landkreis Diepholz, Marktplatz 1, 25331 Diepholz

1.
Herrn
Ingo Kruse
Rheinstraße 169 f
28000 Bremen

Ihr Zeichen:	Ihre Nachricht vom:	Mein Zeichen:	Sachbearbeitung:	Datum:
		63-7/2022	Herr Liense (05441) 123456	17.10.2022

Wochenendhaus in Sulingen

Sehr geehrter Herr Kruse,

[21] anlässlich einer Ortsbesichtigung habe ich festgestellt, dass Sie vor ca. zehn Jahren in Sulingen, Flur 37, Flurstück 14 (Gemarkung Moorheide), ein Wochenendhaus errichtet haben. Die Ausmaße dieses Gebäudes betragen ca. 4,50 x 6,30 m. Im Gebäude befinden sich ein Wohnraum, ein Schlafzimmer, ein Badezimmer sowie eine kleine Küche. Vor dem Wohnzimmer wurde eine überdachte Terrasse in den Ausmaßen von 2 m x 3 m errichtet.

Die Errichtung dieses Gebäudes ist baugenehmigungspflichtig. Es liegt jedoch weder eine Baugenehmigung vor, noch kann sie nachträglich erteilt werden.

Das Baugrundstück liegt in einem Waldstück im Außenbereich der Stadt Sulingen. Als sogenanntes „nicht-privilegiertes Bauvorhaben" beurteilt sich die planungsrechtliche Zulässigkeit dieses Vorhabens nach § 35 Abs. 2 Baugesetzbuch (BauGB[16]). Hiernach können Vorhaben nur zugelassen werden, wenn sie öffentlichen Belangen nicht widersprechen.

Das ist jedoch bei Ihrem Wochenendhaus der Fall. Ihr Vorhaben dient der Begründung einer unzulässigen Splittersiedlung.

[16] in der Fassung der Bekanntmachung vom 3. November 2017 (BGBl. I S. 3634), das zuletzt durch Artikel 11 des Gesetzes vom 8.10.2022 (BGBl. I S. 1726) geändert worden ist.

Ich beabsichtige daher, gestützt auf § 79 Abs. 1 der Niedersächsischen Bauordnung (NBauO[17]), Ihnen die weitere Nutzung des Gebäudes zu untersagen und zudem die Beseitigung dieses Gebäudes anzuordnen.

Bevor ich diese beiden Maßnahmen verfüge, gebe ich Ihnen zuvor Gelegenheit, sich zu dieser Angelegenheit **bis spätestens zum 01.11.2022** zu äußern.

Sollte ich bis zu diesem Zeitpunkt keine Nachricht von Ihnen erhalten, werde ich nach Aktenlage entscheiden.

Mit freundlichen Grüßen
i. A.

Liense

2. Wv.: 01.11.2022 (Eingang?)

[17] Vom 3. April 2012 (Nds. GVBl., S. 46), zuletzt geändert durch Gesetz vom 12.9.2022 (NdsGVBl., S. 578)

Muster 3: Der unsichere Rentner (Unterlagenanforderung)
(hier: Anforderung eines ärztlichen Gutachtens)

[10]

Polizeikommissariat Sulingen	27333 Sulingen 14.05.2023
Einsatz- und Streifendienst	Diepholzer Str. 44
Vorgangsnummer	Tel.: 02451/494-0
300532447086-002	Fax: 02451/494-501

Sachbearbeiterin: B. Neumann
Telefon: 02451/494-12

Report

Sachverhalt

Der Betroffene, Manfred Oldendorf, geb. 27.01.1942, wohnhaft in 27222 Wagenfeld, Osnabrücker Str. 2 befuhr am Donnerstag, den 7. Mai um 9:45 Uhr mit seinem Fahrzeug, einem VW-Golf, amtliches Kennzeichen SY-OL-233, in Sulingen die Lange Straße. An der Ampelkreuzung „Lange Straße/Nienburger Allee" wollte der Betroffene mit seinem Fahrzeug nach rechts in die Nienburger Allee einbiegen. Aus der Straße „Dahlskamp" kam ihm ein Fahrzeug entgegen, welches geradeaus in die gegenüberliegende „Lange Straße" fahren wollte. Der Betroffene Oldendorf missachtete den entgegenkommenden Verkehr und fuhr zu weit in den Kreuzungsbereich hinein. Das entgegenkommende Fahrzeug musste fast bis zum Stillstand runterbremsen. Nur der spontanen Reaktion dieses Fahrers ist es zu verdanken, dass ein Unfall vermieden werden konnte. Er musste in einem Bogen um das Fahrzeug des Betroffenen herumfahren.

Auf der Nienburger Allee musste der Betroffene Oldendorf zunächst hinter einem Ford Mondeo herfahren, welcher hinter einem landwirtschaftlichen Gespann (Traktor mit Anhänger; Geschwindigkeit ca. 20 km/h) herfuhr. Unmittelbar hinter der Verkehrsinsel scherte der Betroffene aus und überholte den Ford und das landwirtschaftliche Gespann. Oldendorf übersah hierbei wahrscheinlich den entgegenkommenden Verkehr. Das Fahrzeug im Gegenverkehr musste bis zum Stillstand runterbremsen und zur Seite auf den Grünstreifen ausweichen.

Dem Betroffenen Oldendorf wurde anschließend mittels Display auf dem Streifenwagen, Lichthupe, Hupe und Blaulicht über eine Entfernung von über einem Kilometer angezeigt, dass er anzuhalten habe. Diese unmissverständliche Anweisung übersah der Betroffene. Erst in der Siemensstraße – vor der Tanzschule Müller – konnte der Betroffene gestoppt werden. Erst zu diesem Zeitpunkt erkannte der Betroffene anscheinend, dass die Polizei sich hinter ihm befand und ihn zum Zwecke einer Verkehrskontrolle anhalten wollte.

Delikt:	Überholen bei unklarer Verkehrslage und dadurch Gefährdung anderer Verkehrsteilnehmer
Paragraphen:	§§ 5 Abs.1, 1 Abs. 2, 49 StVO; § 24 StVG; § 19 BKat; § 3 Abs. 3 BkatV

Der Betroffene zeigte sich bei der anschließenden Befragung überrascht über den Vorhalt der Verkehrsverstöße. Er erklärte, er habe die Situation völlig anders eingeschätzt. Weiterhin forderte er die Unterzeichnerin auf, aus „einer Mücke keinen Elefanten zu machen". Er verwies auf eine Augenoperation, die vor ca. 5 Wochen durchgeführt worden sei. Nunmehr könne er, im Gegensatz zu früher, wieder „recht ordentlich" sehen.

Zum Zeitpunkt der Feststellung der diversen Verkehrsverstöße befand sich auch POM Saathoff im Streifenwagen. Dieser kann die Verkehrsverstöße bestätigen.

Auf die Unterzeichnerin machte Herr Oldendorf einen unsicheren Eindruck. Die Fahrweise und das Gesamtverhalten lässt den Schluss zu, dass der Betroffene Oldendorf nicht mehr in der Lage ist, ein Fahrzeug mit entsprechender Umsicht und Weitsicht im öffentlichen Verkehrsraum zu führen. Der Betroffene war nicht in der Lage, auf bestimmte Verkehrssituationen zu reagieren. Zudem nahm er über einen längeren Zeitraum hinweg den hinter ihm fahrenden Streifenwagen nicht war.

***Neumann* PK**

Urschriftlich

Landkreis Diepholz
Führerscheinstelle
Dümmerstraße 1
38444 Diepholz

Vorgang wird nach Abschluss der Ermittlungen zur weiteren Veranlassung übersandt.

Im Auftrage

***Neumann* PK**

[4] **Landkreis Diepholz**
[1] **Der Landrat**

E.

Landkreis Diepholz, Dümmerstr. 1, 38444 Diepholz

[3] 1) ZU
[2] Manfred Oldendorf
Osnabrücker Str. 2
27222 Wagenfeld ab: 24.05.

Ihr Zeichen	Ihr Schreiben vom	Mein Zeichen (bei Antwort bitte angeben)	Sachbearbeitung	Datum
		DH 32.69.59 He/Sch	Herr Helms	22. Mai 2023

[11] **Überprüfung Ihrer Kraftfahreignung**

Sehr geehrter Herr Oldendorf,

Sie sind seit dem 17. Oktober 1968 Inhaber der Fahrerlaubnis Klasse 3.

Von dem zuständigen Polizeikommissariat erhielt ich die Information, dass Sie am 7. Mai, gegen 9:45 Uhr in Sulingen im Bereich der Nienburger Allee/Lange Straße die Vorfahrt eines entgegenkommenden Fahrzeuges missachteten. Wenige Augenblicke später überholten Sie – trotz Gegenverkehrs – und gefährdeten dadurch andere Verkehrsteilnehmer. Nur das besonnene Verhalten der anderen Verkehrsteilnehmer verhinderte einen Verkehrsunfall.

Auf die Haltezeichen der Polizei, die über eine längere Strecke hinter Ihnen herfuhren, haben Sie nicht reagiert. Erst recht spät erkannten Sie die Verkehrskontrolle. Die Polizei konfrontierte sie mit den von Ihnen begangenen Verkehrsverstößen. Sie waren überrascht und legten dar, dass Sie die Verkehrssituation anders eingeschätzt hätten. Auf die anwesenden beiden Polizeibeamten machten Sie einen unsicheren Eindruck. Eine entsprechende Umsicht und Weitsicht beim Führen eines Kraftfahrzeuges ist jedoch unbedingt für die Sicherheit im Straßenverkehr erforderlich.

Ich habe Bedenken, ob Sie noch ausreichend sicher ein Kraftfahrzeug im öffentlichen Straßenverkehr führen können. In diesem Zusammenhang spielt auch Ihr relativ hohes Alter von fast 80 Jahren eine Rolle. Erfahrungsgemäß lassen mit zunehmendem Alter die für das Führen von Kraftfahrzeugen wichtigen Leistungsfunktionen, wie z. B. Konzentrationsfähigkeit, Aufmerksamkeit, Orientierung und Verkehrsübersicht, nach.

Die heutige Verkehrsdichte setzt jedoch eine uneingeschränkte Fahrtüchtigkeit voraus.

Die Fahrerlaubnisverordnung[18] (§ 46 Abs. 3 i. V. m. §§ 11 bis 14) berechtigt mich, vom Inhaber einer Fahrerlaubnis (u. a.) zur Beurteilung der Kraftfahreignung die Vorlage eines Gutachtens eines Facharztes für Allgemeinmedizin zu fordern, wenn Tatsachen bekannt werden, die Bedenken an der Fahreignung begründen. Bitte haben Sie Verständnis, dass ich Sie aus Gründen der Verkehrssicherheit bitten muss, sich einer Begutachtung durch einen Facharzt für Allgemeinmedizin zu unterziehen. Die Untersuchung soll die in der Anlage* unter Ziff. 2 gestellte Frage klären. Das ärztliche Gutachten ist von einem zuständigen Facharzt mit verkehrsmedizinischer Qualifikation zu erstellen. Eine Liste* der infrage kommenden Ärzte ist beigefügt.

Ich weise darauf hin, dass die Kosten der Untersuchung von Ihnen zu tragen sind.

Die beigefügte Einverständniserklärung* bitte ich mir **bis spätestens** zum **12. Juni** ausgefüllt und unterschrieben herzureichen.

Ausdrücklich mache ich darauf aufmerksam, dass ich Ihnen unter Umständen die Fahrerlaubnis entziehen muss, wenn Sie es ohne ausreichenden Grund ablehnen, sich der Untersuchung zu unterziehen. Ihre Nichteignung müsste dann als erwiesen angesehen werden.

Vorsorglich weise ich darauf hin, dass nach Vorlage des Gutachtens evtl. eine Fahrprobe oder eine weitergehende Untersuchung erforderlich sein kann, um beurteilen zu können, ob Sie die erforderlichen Fähigkeiten zum Führen eines Kraftfahrzeuges noch besitzen.

Eine Kostenentscheidung wird Ihnen in den nächsten Tagen zugehen.

Mit freundlichen Grüßen
Im Auftrage

He 22.05

2. Kostenentscheidung fertigen
3. Wv.: 15.06.

i. A.
He 22.05.

*** Vom Abdruck dieser Unterlagen wurde abgesehen**

[18] vom 13. Dezember 2010 (BGBl. I S. 1980), die zuletzt durch Artikel 1 der Verordnung vom 3.3.2022 (BGBl. I S. 498)

Muster 4: Die Biogas-Anlage in Steyerberg (Unterlagenanforderung)

[1] **Landkreis Verden**
Der Landrat **E.**

Rathausplatz 4 * 23456 Verden/Aller

1.
[2] Frau Sabine Krull
Am Feldrain 2
23457 Dörverden

Ihr Zeichen	**Ihre Nachricht vom**	**Mein Zeichen**	**Sachbearbeitung**	**Datum**
	14.03.2022	12.5/BImSchG	Herr Mauter (04561) 22 40321	04.04.2022

Errichtung einer Biogas-Anlage in Dörverden
Ihr Antrag vom 14.03.2022

Sehr geehrte Frau Krull,

[11a] Sie haben im März 2022 beantragt, Ihnen die Genehmigung zur Errichtung einer Biogas-Anlage zu erteilen. Diese Anlage soll in Dörverden, Flur 4, Flurstück 42/3 (Gemarkung Feldrain) errichtet werden. Für diese Anlage ist eine Genehmigung nach dem Bundesimmissionsschutzgesetzes erforderlich. Im Hinblick auf die Lage und die Größe der Anlage ist ein rein bauordnungsrechtliches Prüfverfahren nicht mehr ausreichend. Wir hatten seinerzeit darüber gesprochen.

Um das Genehmigungsverfahren weiter fortführen zu können, sind noch die nachfolgenden Unterlagen einzureichen:

1. Die exakte Angabe der Einsatzstoffe nach Art, Menge und Herkunft.
   Hinweis: Nicht ausreichend sind allgemeine Hinweise wie „nachwachsende Rohstoffe“, „Positivliste des EEG“ oder „Wirtschaftsdünger“.

2. Brandschutzkonzept eines anerkannten Brandschutzbevollmächtigten
3. Landschaftspflegerischer Begleitplan
4. Schallschutzprognose

Ich bitte Sie, mir die Unterlagen in **vierfacher Ausfertigung** bis zum

15. Juni 2022

zuzuleiten. Bitte bedenken Sie, dass ohne diese Unterlagen das Genehmigungsverfahren nicht fortgeführt werden kann. Sofern es noch offenen Fragen gibt, können Sie mich gerne anrufen.

Freundliche Grüße
Im Auftrage

Mau.

2. Wv.: 15.06.2022

IV. REGELUNGEN

(Ablehnung eines Antrags, Aufhebung, Genehmigung, Untersagung, Verbot, Zustimmung einer staatlichen Behörde, Nebenentscheidungen)

Muster 5: Der illegale Schmuckhandel (Verbot, Anordnung der sof. Vollziehung Zwangsmittelandrohung, Kostenlastentscheidung)

E.

[4] **Landeshauptstadt Hannover**
[1] **Der Oberbürgermeister**

Landeshauptstadt Hannover, Trammplatz 2, 30159 Hannover

[3] **1.** Mit ZU
[2] Frau Doris Dreier
Calenberger Str. 112
30169 Hannover

Ihr Zeichen	Ihre Nachricht vom	Mein Zeichen	Sachbearbeitung:	Datum:
		Az. 32/ 39-22 Krö	Herr Kröver (0511) 301- 455	01.10.2022

Ihr Antikschmuckwarenhandel unter Calenberger Str. 111, 30169 Hannover

Sehr geehrte Frau Dreier,

[5] 1. Hiermit untersage ich Ihnen die Fortsetzung Ihres o.g. Handels mit Antikschmuckwaren mit sofortiger Wirkung.

[14] 2. Die sofortige Vollziehung der Untersagung ordne ich an.

[14] 3. Wenn Sie das Verbot nicht befolgen, werde ich ein Zwangsgeld in Höhe von 1000,00 € gegen Sie festsetzen.

[13] 4. Die Kosten des Verfahrens haben Sie zu tragen.

[6] **Begründung:**

I.

Seit Mai 2006 betreiben Sie Ihr o.g. Geschäft. Im April 2018 wurde Ihr Ehemann wegen gewerbsmäßiger Hehlerei im Zusammenhang mit Ihrem Geschäft zu einer Freiheitsstrafe von zwei Jahren und drei Monaten verurteilt. Laut Mitteilung der Polizei wurden im Zeitraum Oktober 2020 bis April 2022 in sieben Fällen zuvor als gestohlen gemeldete Schmuckstücke in Ihrem Sortiment von den früheren Eigentümern wiedererkannt. Eine Anfrage beim Finanzamt ergab, dass zum 26.05.2022 bei Ihnen Steuerschulden in Höhe von 125.000,– € aufgelaufen sind. Mit Telefonat vom 14.09.2022 und Schreiben vom 15.09.2022 gab ich Ihnen Gelegenheit, sich zu diesen Tatsachen zu äußern.

II.

Zu 1.:

Meine Entscheidung stützt sich auf § 35 Abs. 1 S. 1 der Gewerbeordnung (GewO)[19]. Danach ist die Fortsetzung eines Gewerbes zu untersagen, wenn Tatsachen die Unzuverlässigkeit des Gewerbetreibenden begründen und die Untersagung zum Schutz der Allgemeinheit oder der im Betrieb Beschäftigten erforderlich ist.

Bei dem von Ihnen betriebenen Antikschmuckwarenhandel handelt es sich um ein Gewerbe. In Ihrem Fall liegen weiterhin Tatsachen vor, die Ihre Unzuverlässigkeit begründen.

Denn unter Tatsachen sind Geschehnisse der Gegenwart und der Vergangenheit zu verstehen, die bewiesen bzw. dem Beweise zugänglich sind. Bewiesen durch die rechtskräftige Verurteilung ist die gewerbsmäßige Hehlerei, die Ihr Ehemann im Zusammenhang mit Ihrem Geschäft betrieben hat. Durch Zeugenaussagen ist bewiesen, dass im o.g. Zeitraum sieben zuvor gestohlene Schmuckstücke in Ihrem Sortiment gefunden wurden. Schließlich ist das Vorliegen der Steuerschulden durch amtliche Auskunft bewiesen.

Auch ist von einer Unzuverlässigkeit Ihrerseits auszugehen. Denn unzuverlässig ist, wer nach einer Gesamtschau aller Umstände nicht die Gewähr dafür bietet, dass er sein Gewerbe in Zukunft ordnungsgemäß ausübt.

Bei Ihnen kann nicht davon ausgegangen werden, dass Sie Ihr Gewerbe in Zukunft ordnungsgemäß ausüben werden. Denn zur ordnungsgemäßen Ausübung eines Gewerbes gehört neben vielen weiteren Elementen jedenfalls das pünktliche und vollständige Zahlen der Gewerbesteuern, die Überprüfung der Herkunft der zu verkaufenden Ware sowie die Sicherstellung eines ordnungsgemäßen und vor allem rechtmäßigen Geschäftsablaufs. Wie sich aus den zuvor geschilderten Tatsachen ergibt, haben Sie im Rahmen Ihrer bisherigen geschäftlichen Tätigkeit keine der dargestellten Anforderungen erfüllt. In Vergangenheit und auch wieder aktuell wurde und wird Hehlerware in Ihrem Sortiment gefunden. Ebenfalls weisen Sie massive Steuerschulden auf. Am meisten fällt für die negative Prognose ins Gewicht, dass Sie im Rahmen der Anhörung keinerlei Einsicht gezeigt haben. Ihnen ist offenbar nicht bewusst, dass Ihr Geschäftsablauf den Anforderungen nicht entspricht. Auch auf entsprechenden Hinweis hin, zeigen Sie keine Absicht, den Anforderungen in Zukunft zu entsprechen.

Schließlich ist die vollständige Untersagung Ihres Gewerbes erforderlich, um den Schutz der Allgemeinheit und der im Betrieb Beschäftigten sicherzustellen. Denn sowohl die Allgemeinheit als auch Ihre Beschäftigten müssen vor der Teilnahme an Straftaten geschützt werden. Überdies ist es im Interesse der Allgemeinheit, weitere Rechtsverstöße und auch Steuerausfälle zu vermeiden. Ein milderes Mittel als die vollständige Untersagung Ihres Gewerbes ist nicht ersichtlich.

Zu 2.:

[15] Meine Entscheidung stützt sich auf § 80 Abs. 2 S. 1 Nr. 4 der Verwaltungsgerichtsordnung (VwGO)[20]. Danach kann die sofortige Vollziehung unter anderem angeordnet werden, wenn sie im überwiegenden öffentlichen Interesse ist. In Ihrem Fall überwiegt das öffentliche Interesse

[19] in der Fassung der Bekanntmachung vom 22. Februar 1999 (BGBl. I S. 202), die zuletzt durch Artikel 2 des Gesetzes vom 4. 12.2022 (BGBl. I S. 2146) geändert worden ist.

[20] in der Fassung der Bekanntmachung vom 19. März 1991 (BGBl. I S. 686), die zuletzt durch Artikel 3 des Gesetzes vom 20.07.2022 (BGBl. I S. 1325) geändert worden ist.

an der sofortigen Vollziehung Ihr Interesse an einer aufschiebenden Wirkung eines etwaigen Rechtsbehelfs. Denn es kann nicht hingenommen werden, dass Sie für die Dauer eines etwaigen Rechtsbehelfsverfahrens Ihr Gewerbe in der bisherigen Art und Weise fortführen. Denn es muss sofort und ohne Verzögerung sichergestellt werden, dass Ihre Kunden und die Beschäftigten Ihres Betriebes nicht an weiteren Straftaten beteiligt werden. Diese Sicherstellung duldet keinen weiteren Aufschub. Des Weiteren muss ebenso unverzüglich sichergestellt werden, dass die Begehung weiterer Straftaten durch ein Geschäft wie Ihres nicht weiter gefördert wird. Auch die Anhäufung weiterer Steuerschulden muss sofort unterbunden werden. Hinter diese Belange muss Ihr Interesse an einer aufschiebenden Wirkung eines etwaigen Rechtsbehelfs zurücktreten.

Zu 3.:
[17] Nach §§ 64 ff. des Niedersächsischen Polizei- und Ordnungsbehördengesetzes (NPOG)[21] bin ich berechtigt, Zwangsgeld bis zur Höhe von 50.000 € gegen Sie festzusetzen, wenn Sie das Verbot nicht befolgen. Die Androhung beruht aus § 70 NPOG. Ein Zwangsgeld von 1000,- € ist in Ihrem Fall erforderlich sowie angemessen, um Sie zur Beachtung meines Verbots anzuhalten.

[8] Zu 4.:
Die Kostenentscheidung stützt sich auf §§ 1, 3, 5, 9, 13 des Nieders. Verwaltungskostengesetzes (NVwKostG, Fundstelle), 1 der allgemeinen Gebührenordnung (AllGO, Fundstelle) iVm lfd. Nr. 40.1.15.1 des Kostentarifs der Anlage zu § 1 AllGO. Sie haben Anlass zu diesem Verfahren gegeben und daher die Kosten zu tragen. (Über die Höhe der Kosten ergeht ein gesonderter Kostenfestsetzungsbescheid).

Hierzu werde ich Ihnen in Kürze einen gesonderten Kostenfestsetzungsbescheid zusenden.

[9] **Rechtsbehelfsbelehrung:**

Gegen diesen Bescheid kann innerhalb eines Monats Klage beim Verwaltungsgericht Hannover, Leonhardtstraße 15, 30175 Hannover, erhoben werden.

Mit freundlichen Grüßen
Im Auftrage
Kröver

2. Kostenentscheidung fertigen
3. Wv.: 15.10.2022

i.A.
Krö. 01.10.2022

[21] in der Fassung vom 19. Januar 2005 zuletzt geändert durch Artikel 3 des Gesetzes vom 22.09.2022 (Nds. GVBl. S. 589).

Muster 6: Die unerlaubte Spielhalle II (Untersagung, AOsofVollz., Zwangsmittelandrohung, Kostenlastentscheidung)

E.

[4] **Stadt Hameln**
[1] **Der Oberbürgermeister**
– Fachbereich Recht und Ordnung –
Rathausstraße 1
31785 Hameln

[3] 1.
Mit Zustellungsurkunde
[2] Herrn
Egon Müller
Mindener Straße 4
31592 Hameln

Ihr Zeichen	Ihre Nachricht vom	Mein Zeichen	Sachbearbeitung	Datum
		Az.: 32/20-22	Herr Meier (051151) 202-3212	23.10.2022

Spielhallenbetrieb: Hameln, Mindener Straße 4
Hier: Untersagungsverfügung

Sehr geehrter Herr Müller

[5] 1. Hiermit untersage ich Ihnen mit sofortiger Wirkung den weiteren Betrieb Ihres Spielhallengewerbes in Hameln, Mindener Straße 4.

[14] 2. Die sofortige Vollziehung des Verbotes ordne ich an.

[17] 3. Wird das Verbot nicht befolgt, werde ich ein Zwangsgeld in Höhe von 1.000 Euro festsetzen.

[8] 4. Die Kosten des Verfahrens haben Sie zu tragen.

[6] Begründung:

Zu 1.

Die oben in Ziff. 1 ausgesprochene Gewerbeuntersagung stützt sich auf § 15 Abs. 2 S. 1 der Gewerbeordnung (GewO)[22]. Danach bin ich berechtigt, Ihnen den weiteren Betrieb Ihres Spielhallengewerbes zu untersagen, weil Sie nicht im Besitz der erforderlichen Erlaubnisse sind.

Sie betreiben gewerbsmäßig eine Spielhalle gem. § 33 i Abs. 1 S. 1 der Gewerbeordnung, weil Sie den Hinterraum Ihrer Gaststätte „Wesereck" derart umgebaut haben, sodass dieser ausschließlich der Aufstellung von Unterhaltungsspielgeräten mit Gewinnmöglichkeit dient. Nach § 33 i Abs. 1 S. 1 setzt das Betreiben einer derartigen Spielhalle eine Erlaubnis voraus, welche jedoch in Ihrem Fall nicht vorliegt. Des Weiteren ist für den Betrieb einer Spielhalle eine Erlaubnis nach § 24 Glücksspielstaatsvertrag (GlüStV)[23] erforderlich.

§ 15 Abs. 2 S. 1 Gewerbeordnung räumt mir bei meiner Entscheidung Ermessen ein, welches ich gemäß § 40 Verwaltungsverfahrensgesetz[24] ausgeübt habe.

Ich habe mich entschlossen, Ihnen den weiteren Betrieb des Spielhallengewerbes zu untersagen, weil die fortdauernde Verletzung der Rechtsordnung nicht länger hingenommen werden kann, womit der Zweck des Gesetzes beachtet wird.

Die Maßnahme ist das einzige Mittel, um das unerlaubte Betreiben Ihres nicht erlaubten Spielhallengewerbes zu unterbinden.

Bei meiner Entscheidung habe ich Ihr Interesse an der Weiterbetreibung des Spielhallengewerbes berücksichtigt. Ihr rein finanzielles Interesse muss hinter dem Interesse der Öffentlichkeit und der Rechtsordnung zurückstehen, da selbst im Falle einer Antragstellung zurzeit nicht geklärt ist, ob die einschlägigen Brandschutzbestimmungen eingehalten werden. Die Einhaltung dieser Vorschriften ist aber zwingende Voraussetzung gem. § 33 i Abs. 2 Nr. 2 Gewerbeordnung für die Erteilung einer Spielhallenerlaubnis. Da gerade die Einhaltung der Brandschutzvorschriften eine mögliche Gefährdung der Spielhallenbenutzer ausschließen soll, habe ich in allen gleichgelagerten Fällen in der Vergangenheit entsprechend entschieden, sodass bei Ihnen keine Ausnahmesituation vorliegt, die ein Weiterbetreiben der Spielhalle rechtfertigt. Aus diesem Grund überwiegt das öffentliche Interesse, den Rechtsverstoß zu beenden.

---

[22] in der Fassung der Bekanntmachung vom 22. Februar 1999 (BGBl. I S. 202), die zuletzt durch Artikel 2 des Gesetzes vom 4.12.2022 (BGBl. I S. 2146) geändert worden ist.

[23] Glücksspielstaatsvertrag 2021 vom 29. Oktober 2020 zuletzt geändert durch Staatsvertrag vom 7. März/ 24. März 2022 als Anlage zum Gesetz vom 29.06.2022 (Nds. GVBl. S. 412).

[24] in der Fassung vom 23 Januar 2003 (BGB. I, S.102) zuletzt geändert durch Art. 11 Abs. 2 eIDas-DurchführungsG vom 18.07.2017 (BGBL. I, S. 2745).

Zu 2.

[15] Die Anordnung der sofortigen Vollziehung des Verbotes stützt sich auf § 80 Abs. 2 Nr. 4 der Verwaltungsgerichtsordnung (VwGO)[25] Danach bin ich berechtigt, die sofortige Vollziehung der Gewerbeuntersagung anzuordnen, wenn ein überwiegendes öffentliches Interesse dies erfordert.

In Ihrem Fall besteht ein solch überwiegendes öffentliches Interesse, den Spielhallenbetrieb schnellstmöglich unterbinden zu können. Da zurzeit nicht geklärt ist, ob die einschlägigen Brandschutzbestimmungen eingehalten werden, ist die Gesundheit der Spielhallenbesucher gefährdet. Wegen der besonderen Gefahrensituation, die ein Brand in Ihrer Spielhalle auslösen kann, kann nicht hingenommen werden, dass Ihnen durch die aufschiebende Wirkung einer verwaltungsgerichtlichen Klage die Möglichkeit offensteht, bis zur Entscheidung dieses Rechtsbehelfs die Spielhalle unerlaubt weiter zu betreiben.

Das öffentliche Interesse daran, die Gesundheit der Spielhallenbenutzer zu schützen sowie die Einhaltung der Rechtsordnung zu wahren, überwiegt beträchtlich Ihr Interesse, die Spielhalle bis zum Eintritt der Bestandskraft meines Verbotes weiter ohne Erlaubnis zu betreiben.

Zu 3.

Nach §§ 64, 65 Abs. 1 Nr. 2, 67 des Niedersächsischen Polizei- und Ordnungsbehördengestz (NPOG)[26] bin ich berechtigt, Zwangsgeld bis höchstens 50.000 Euro anzudrohen, wenn Sie das Verbot nicht befolgen.
Da ich erstmals Zwangsgeld androhe, ist der Betrag, berücksichtigt man ihr wirtschaftliches Interesse daran, das Verbot nicht zu befolgen, angemessen.

[8] Zu 4.

Sie haben Anlass zu diesem Verfahren gegeben und deshalb die Kosten hierfür zu tragen. Diese Entscheidung beruht auf §§ 1, 5 und 13 des Niedersächsischen Verwaltungskostengesetzes,[27] § 1 der Allgemeinen Gebührenordnung[28] – AllGO – und laufender Nummer 40.1.5 des Kostentarifs zur AllGO. Hierzu werde ich Ihnen in Kürze einen gesonderten Kostenfestsetzungsbescheid zusenden.

---

[25] in der Fassung vom 19. März 1991 (BGBl. I, S. 686), zuletzt geändert durch Art 11 Abs. 24 elDas-DurchführungsG vom 18.07.2017 (BGBl. I, S. 2745) .

[26] in der Fassung vom 19.01.2005 (Nds.GVBl., S.9); zuletzt geändert durch Art. 1 des Gesetzes vom 20.05.2019 (Nds. GVBl., S. 88).

[27] in der Fassung vom 25. April 2007 (Nds.GVBl., S 172), zuletzt geändert durch Art. 11 Haushaltsbegleitgesetz 2017 vom 15. Dezember 2016 (Nds. GVBl., S. 301).

[28] vom 5. Juni 1997 (Nds. GVBl., 1997, S. 171, ber. 1998, S. 501), zuletzt geändert durch Verordnung vom 18.01.2018 (Nds. GVBl., S. 5).

[9] Rechtsbehelfsbelehrung:

Gegen diesen Bescheid kann innerhalb eines Monats nach Zustellung des Bescheides Klage beim Verwaltungsgericht Hannover, Leonhardtstraße 15, 30175 Hannover, erhoben werden. Die Klage wäre gegen die Stadt Hameln zu richten.

Mit freundlichen Grüßen

[1] Im Auftrage
Bruns

2. Kostenentscheidung fertigen
3. Wv.: 25.11.2022 (Klage ?)

i.A.
Bruns

Muster 7: Die langsame Verwaltung (Genehmigungsfiktion, Bescheinigung)

[10] **Antrag Fahrgastfahrerlaubnis**[29] **Eingang: 8. Januar 2022**

Ich beantrage

X eine Fahrgasterlaubnis als **X** Ersterteilung Neuerteilung nach Entzug Verlängerung/erneute Erteilung nach Ablauf	Geschlecht ☒ männlich ☐ weiblich	Doktorgrad
	Familienname **Michel**	
	Vornamen **Max**	
☐ einen Ersatzfahrgastführerschein	Geburtsname, falls abweichend vom Familiennamen	
X Taxi **(Zwei Fahrzeuge; Mercedes C-Klasse jeweils ein Fünf-Sitzer)**	Geburtsdatum **4. Juli 1978**	Geburtsort **Osnabrück**
☐ Mietwagen	Straße und Hausnummer **Bremer Straße 44**	
☐ Krankenkraftwagen	Postleitzahl, Wohnort **28678 Stuhr**	
☐ Personenkraftwagen nach §§ 42, 43, 48 PbefG*	Telefonnummer **0421 12131415**	

Ich bin im Besitz der allgemeinen Fahrerlaubnis/des Führerscheins (auch EU-/EWR-Staaten angeben)		
Klasse(n) **B und C**	ausgestellt am **14.06.2002**	durch (Behörde) **Stadt Osnabrück**

Darüber hinaus bin/war ich im Besitz folgender Fahrerlaubnis/-se zur Fahrgastbeförderung		
Art der Fahrerlaubnis/se **Personenbeförderung**	ausgestellt durch (Behörde) **Freie Hansestadt Bremen**	Gültig bis **31.12.2028**

Ich versichere die Richtigkeit meiner Angaben. Ich erkläre ausdrücklich, dass mir die Fahrerlaubnis nicht entzogen worden ist und dass zurzeit kein Fahrverbot gegen mich anhängig ist.

---

[29] Dieser **Antrag ist online** über das **Behördenportal des Landkreises Diepholz**, Heinrich-Heine-Straße 4, 34568 Diepholz eingegangen.

Von den Antragsunterlagen, die weiter unten aufgeführt sind, füge ich meinem Antrag folgende Unterlagen bei: *	
Bei Erteilungen: Taxen: 1, 2, 3, 4, 5, 6, 7, für Mietwagen: 1, 2, 3, 4, 5, 6, und ggf. 7 für Krankenwagen: 1, 2, 3, 4, 5, 6, 7 Bei **Ersatzführerscheinen:** 1	**Bei Verlängerungen/erneuten Erteilungen für alle Fahrgastarten:** 1, 2, 3, 4, 6, 7 (Bei Antragstellerinnen/Antragstellern, die das 60. Lebensjahr vollendet haben oder die Fahrgasterlaubnis abgelaufen ist, zusätzlich 5) **Gebührenvorschuss: 750,-- €**

Antragsunterlagen*

1. Personalausweis/Pass mit Meldebescheinigung (ist bei Antragstellung vorzulegen) 2. Führerschein sowie ggf. vorhandener Fahrgastschein (bei Antragstellung vorzulegen) 3. Ärztliche Bescheinigung oder augenärztliches Zeugnis über die Untersuchung des Sehvermögens (nicht älter als zwei Jahre) 4. Ärztliche Bescheinigung über die körperliche und geistige Eignung (nicht älter als ein Jahr)	5. Gutachten eines Arztes mit der Gebietsbezeichnung Betriebs- oder Arbeitsmedizin oder Gutachten einer Begutachtungsstelle für die Fahreignung über besondere Anforderungen hinsichtlich: Belastbarkeit, Orientierungsleistung, Konzentrationsleistung, Aufmerksamkeitsleistung und Reaktionsfähigkeit (nicht älter als ein Jahr) 6. Führungszeugnis der Belegart „0" (zu beantragen bei der Wohnsitzgemeinde).	7. Ortskenntnisbescheinigung (zu erhalten bei der Straßenverkehrsbehörde, in dessen Bereich gefahren werden soll – bei Mietwagen nur, wenn der Ort des Betriebssitzes mehr als 50.000 Einwohner hat) 8. Bescheinigung über erste Hilfe

Die Hinweise zum Datenschutz habe ich zur Kenntnis genommen.
Mit der Bearbeitung wird erst begonnen, wenn der Gebührenvorschuss entrichtet ist!

Stuhr, den 8. Januar 2022	***Max Michel***
Ort, Datum, Unterschrift	

* PKW im Linienverkehr oder bei gewerbsmäßigen Ausflugsfahrten oder Ferienzielreisen

Hinweise zum Datenschutz*

*** Vom Abdruck der Informationen (Datenschutz) und der weiteren notwendigen Antragsunterlagen wurde abgesehen.**

[19] Max Michel
Bremer Straße 44
28678 Stuhr

27.08.2022

Eingang: 28. August 2022

Landkreis Diepholz
Heinrich-Heine-Str. 4
34568 Diepholz

Taxenkonzession

Sehr geehrte Damen und Herren,

leider habe ich trotz meiner mit meinem Antrag auf Erteilung einer Taxenkonzession vom 8. Januar 2022 verbundenen Bitte um schnelle Erledigung bis heute noch nicht die begehrte Erlaubnis von Ihnen erhalten. Die zwischenzeitlich von Ihnen geforderten weiteren Unterlagen habe ich umgehend im Februar nachgereicht. Sie haben mir zwar im März mitgeteilt, dass Sie für die weitere Bearbeitung des Antrages weitere drei Monate benötigen, doch auch dieser Zeitraum ist nunmehr verstrichen. Da der Betrieb eines Taxenunternehmens mit erheblichen Investitionen verbunden ist, bin ich dringend auf die Konzession angewiesen, um starten zu können. Auch fordert der Markt in Stuhr die Erweiterung des vorhandenen Angebotes.

Ich habe zwischenzeitlich Kontakt mit Vertretern meines Verbandes gehabt. Die Beratung hat ergeben, dass eine entsprechende Erlaubnis als erteilt gilt, wenn nicht innerhalb einer bestimmten Frist über den Antrag abschließend entschieden worden ist. Ich verweise insoweit auf § 15 Abs. 1 Personenbeförderungsgesetz. Diese Frist ist eindeutig verstrichen.

Weiterhin wurde mir gesagt, dass ich nach § 42 a Abs. 3 des Verwaltungsverfahrensgesetzes einen Anspruch darauf habe, dass Sie mir den Eintritt der Genehmigungsfiktion schriftlich bescheinigen, was ich hiermit ausdrücklich von Ihnen verlange.

Ich gehe davon aus, dass ich auf diese mir zustehende Bescheinigung nicht abermals so lange warten muss, da ich mich ansonsten gezwungen sehe, gerichtlich gegen Sie vorzugehen.

Mit freundlichen Grüßen

Max Michel

Diepholz, den 30.08.2022
Az.: 2/14/2022

[12] 1. Vermerk:

Herr Max Michel, Stuhr, stellte Anfang Januar 2022 den Antrag, ihm die Taxenkonzession für zwei Fahrzeuge in Stuhr zu erteilen. Die fehlenden Antragsunterlagen wurden dann am 6. Februar 2022 ergänzt. Der notwendige Gebührenvorschuss wurde bereits in der zweiten Januarwoche beglichen. Damit liegen seit dem 6. Februar 2022 vollständige Antragsunterlagen vor. Da das Standardformular unseres Hauses benutzt und ordnungsgemäß ausgefüllt wurde, sind die Unterlagen auch hinreichend bestimmt.

Grundsätzlich bestimmt § 15 Abs. 1 S. 2 PBefG, dass über den Antrag regelmäßig innerhalb einer Frist von drei Monaten zu entscheiden ist. Sofern die Prüfung innerhalb dieser Frist nicht abgeschlossen werden kann, besteht die Möglichkeit, die Bearbeitungsfrist um maximal drei Monate hinauszuschieben (§ 15 Abs. 1 S. 3 und 4 PBefG). Diese Fristverlängerung ist dem Antragsteller rechtzeitig und – in der Sache auch zutreffend – mitgeteilt worden. Damit endet die Bearbeitungsfrist am 6. August 2022. Innerhalb dieser Frist ist leider keine Entscheidung getroffen worden. Damit gilt die begehrte Genehmigung als erteilt (§ 15 Abs. 1 S. 5 PBefG [sog. Genehmigungsfiktion]). Nach § 42 a Abs. 3 VwVfG i. V. m. § 1 Abs. 1 NVwVfG hat der Antragsteller einen Anspruch darauf, dass ihm dies bescheinigt wird.

Auch wenn es sicherlich nicht die optimale Bearbeitung eines Antrages ist, kann doch festgestellt werden, dass die persönlichen und materiellen Anspruchsvoraussetzungen vorliegen. Von besonderer Bedeutung ist zudem, dass es in der Gemeinde Stuhr eine Unterversorgung mit Taxen gibt. Michel kann damit eine Bedarfslücke schließen.

Nach § 16 Abs. 4 PBefG kann die Taxenkonzession nur zeitlich begrenzt erteilt werden (maximal 5 Jahre). Michel hat in seinem Antrag vorgesehen, dass die Konzession auf die Dauer von fünf Jahren auszusprechen ist. Damit erstreckt sich die fingierte Genehmigung auf die Dauer von fünf Jahren. Dies ist in der Bescheinigung zum Ausdruck zu bringen. Zwar kann eine Genehmigungsurkunde nicht ausgestellt werden, doch muss eine vergleichbare Bescheinigung erstellt werden, da nach § 17 Abs. 4 PBefG ein entsprechendes Dokument im Fahrzeug mitzuführen ist. Nur so kann vermieden werden, dass der Inhaber einer fingierten Erlaubnis benachteiligt wird. In einem weiteren Schritt ist dann zu klären, ob überhaupt Gebühren erhoben werden dürfen. U. U. muss der Gebührenvorschuss zurückgezahlt werden.

M. Klausing

2. Herrn Meyer z. K. u. w. V.

E.

[4] # Landkreis Diepholz

[1] **Der Landrat**

Landkreis Diepholz, Heinrich-Heinestr. 4, 34568 Diepholz

1.
[2,3] Max Michel
Bremer Straße 44
28678 Stuhr

Ihr Zeichen:	Ihre Nachricht vom:	Mein Zeichen:	Sachbearbeitung:	Datum:
	08.01. u. 27.08.2022	2/14/2022	Herr Meyer (05031-1011)	02.09.2022

Taxenkonzession

Sehr geehrter Herr Michel,

[5,20] 1. hiermit bescheinige ich Ihnen, dass die von Ihnen bei mir beantragte Erlaubnis zum Betrieb des Gelegenheitsverkehrs mit zwei Kraftfahrzeugen (Kennzeichen) in der Gemeinde Stuhr mit Wirkung vom 6. August 2022 bis zum 5. August 2027 als erteilt gilt.
2. Kosten werden für diese Amtshandlung nicht erhoben.

[7] Begründung:

Zu 1.:

Die Feststellung beruht auf § 15 Abs. 1 des Personenbeförderungsgesetzes (PBefG)[30] und § 42 a Abs. 1 Satz 1 und 2, Abs. 2 Satz 1 und 2 sowie Abs. 3 des Verwaltungsverfahrensgesetzes[31] in Verbindung mit § 1 Abs. 1 Nds. Verwaltungsverfahrensgesetzes[32]. Sie haben die Taxenkonzession für zwei Fahrzeuge für die Gemeinde Stuhr nach den §§ 2 Abs. 1 Nr. 4, 9 Abs. 1 Nr. 5, 13 und 16 beantragt. Da nach § 16 Abs. 4 PBefG die Konzession nur zeitlich befristet erteilt werden kann und Sie in Ihrem Antrag eine Genehmigung für die Dauer von fünf Jahren beantragt haben, kann Ihre Erlaubnis auch nur für diesen Zeitraum Wirkungen entfalten.

---

[30] In der Fassung der Bekanntmachung vom 8. August 1990 (BGBl. I S. 1690) zuletzt geändert durch Art. 2 des Gesetzes vom 20. Juli 2017 (BGBl. I S. 2808)

[31] In der Fassung der Bekanntmachung vom 23. Januar 2003 (BGBl. I S. 102), zuletzt geändert durch Art. 1 G vom 20. November 2015 (BGBl. I S. 2010).

[32] In der Fassung vom 24.9.1980 (Nds. GVBl. S. 359), zuletzt geändert durch Gesetz vom 29.6.2022 (Nds. GVBl., S. 420)

Sofern Sie über den 5. August 2024 den Betrieb Ihres Unternehmens fortsetzen wollen, empfehle ich, rechtzeitig einen Folgeantrag zu stellen. Ob auf einen entsprechenden Antrag hin dann die Erlaubnis erteilt wird, kann erst nach Abschluss des notwendigen Prüfungsverfahrens geklärt werden.

Zu 2.:

Die Entscheidung über die Kostenfreiheit ergibt sich aus § 11 Abs. 1 des Niedersächsischen Verwaltungskostengesetzes[33].

Hinweise:

a) Nach § 17 Abs. 4 PBefG ist ein Dokument in den Fahrzeugen mitzuführen, aus dem ersichtlich ist, dass Sie im Besitz der notwendigen Genehmigung sind. Ich habe ein entsprechendes Dokument als Anlage[34] beigefügt.
b) Über die Frage, ob für das erfolgte Prüfungsverfahren zur Erteilung einer Taxenkonzession Gebühren zu erheben sind, erhalten Sie in Kürze eine abschließende Nachricht.

Rechtsbehelfsbelehrung:

Gegen diesen Bescheid kann innerhalb eine Monats Klage beim Verwaltungsgericht Hannover, Leonhardtstr. 15, 30175 Hannover, erhoben werden. Die Klage wäre gegen Landkreis Diepholz zu richten.

Mit freundlichen Grüßen
Im Auftrage

Meyer

2. Wv.: sofort
(Gebührenfrage klären)

i.A. ***Mey.***

---

33 In der Fassung vom 25. April 2007 (Nds. GVBl., S. 172), zuletzt geändert durch Gesetz vom 09. Dezember 2011 (Nds. GVBl., S. 471), § 18 geändert durch Artikel 9 des Gesetzes vom 17.09.2015 (Nds. GVBl., S. 186).

34 Vom Abdruck wurde abgesehen.

Muster 8: Erteilung einer Gewerbeerlaubnis in elektronischer Form

Landeshauptstadt Hannover
[1] **Der Oberbürgermeister**

Landeshauptstadt Hannover, Trammplatz 2, 30159 Hannover

Per DE-Mail: **Siggi.Stark@web.de-mail.de**
2,2a] Herrn Siggi Stark
Calenberger Str. 234
30169 Hannover

Ihr Zeichen	Ihre Nachricht vom	Mein Zeichen	Sachbearbeitung:	Datum:
	05.02.2022	BewGew.39/22 Ma	Herr Mayer (0511) 301- 452	01.03.2022

Erteilung der Erlaubnis zum Betrieb eines Bewachungsgewerbes

Sehr geehrter Herr Bachmann,

[5] 1. Auf Ihren elektronischen Antrag per DE-Mail vom 05.02.2022 erteile ich Ihnen die Erlaubnis zum Betrieb eines Bewachungsgewerbes mit der gewerblichen Niederlassung unter der Calenberger Str. 234, 30169 Hannover.

[8] 2. Die Kosten dieses Verfahrens haben Sie zu tragen.

[6] **Begründung:**

[7] Zu 1.:
Die Ausübung des Bewachungsgewerbes ist gem. § 34a Abs. 1 S. 1 GewO[35] nur mit Erlaubnis der zuständigen Behörde zulässig. Diese Erlaubnis wird Ihnen erteilt, da keine Versagungsgründe ersichtlich sind.

[35] GewO in der Fassung der Bekanntmachung vom 22. Februar 1999 (BGBl. I S. 202), die zuletzt durch Artikel 2 des Gesetzes vom 4.12.2022 (BGBl. I S. 2146) geändert worden ist.

Zu 2.:

[8] Sie haben durch Ihren Antrag auf Erteilung einer Ausnahmegenehmigung nach der StVO Anlass zu diesem Verfahren gegeben und deshalb die Kosten hierfür zu tragen. Diese Kostenlastentscheidung beruht auf §§ 1, 5, 13 NVwKostG[36] und § 1 AllGO[37] und laufender Nr. 40.1.12.1 des Kostentarifs zur AllGO.

Hierzu werde ich Ihnen in Kürze einen gesonderten Kostenfestsetzungsbescheid zusenden.

[9] **Rechtsbehelfsbelehrung:**

Gegen diesen Bescheid kann innerhalb eines Monats nach Bekanntgabe Klage beim Verwaltungsgericht Hannover, Leonhardtstraße 15, 30175 Hannover, erhoben werden.

Mit freundlichen Grüßen
Im Auftrage

Mayer

[36] Niedersächsisches Verwaltungskostengesetz (NVerwkostG) in der Fassung vom 25. April 2007 (Nds. GVBl., S. 172), zuletzt geändert durch Art. 11 des Gesetzes vom 15. Dezember 2016 (Nds. GVBl. I, S. 301)

[37] Verordnung über die Gebühren und Auslagen für Amtshandlungen und Leistungen (Allgemeine Gebührenordnung AllGO) in der Fassung vom 05. Juni 1997, zuletzt geändert durch Verordnung vom 18. Januar 2018 (Nds. GVBl., S. 5)

Muster 9: Die neue Grundstückszufahrt (Erlaubnis, Nebenbestimmungen, Nebenentscheidung)

Diepholz, 26.10.2022
Az.: 20 K 34 04

1. Vermerk
Der Landwirt Franz Klausing, 28857 Syke, beantragte am 26.03.2022, ihm die Anlegung einer neuen Zufahrt zur Kreisstraße 34 hin zu genehmigen. Bisher ist seine Hofstelle über den Hillerser Weg, eine Gemeindestraße, zu erreichen gewesen. Durch den Ausbau der K 34 hat sich jedoch die Erreichbarkeit der Hofstelle erheblich verschlechtert. Da die K 34 nun unmittelbar an der Hofstelle vorbeiführt möchte Klausing zur neuen Straße hin zwischen km 12,5 und 12,6 eine ca. 6,50 m breite Zufahrt anlegen. Diese neue Zufahrt würde zu einer deutlichen Verbesserung der Erreichbarkeit der Hofstelle führen. Da bei diesem Aussiedlerhof wesentliche Teile der von Klausing bewirtschafteten Ländereien in Hofnähe entlang der K 34 liegen, würde zugleich ein zweckmäßigerer Betriebsablauf ermöglicht werden. Die geplante Zufahrt wird außerhalb der geschlossenen Ortslage der Stadt Syke liegen. Damit benötigt K. die Sondernutzungserlaubnis des Landkreises (§§ 18 Abs. 1, 20 Abs. 2 und 1 NStrG). Die neue Zufahrt soll in einem übersichtlichen Streckenabschnitt verwirklich werden. Die maximal zulässige Geschwindigkeit beträgt hier 50 km/h. Wer von der Hofstelle auf die K 34 einmünden will, kann problemlos den auf der K 34 fließenden Verkehr einsehen. Auch für die Verkehrsteilnehmer der K 34 sind durch die Nutzer einer weiteren Zufahrt keine besonderen Gefahrenpotentiale zu erwarten. In vergleichbaren Fällen hat der Landkreis in der Vergangenheit eine Sondernutzungserlaubnis erteilt. Ferner haben die beteiligten Fachbehörden gegen die Anlegung der Zufahrt keine Bedenken erhoben.

Die beantragte Sondernutzungserlaubnis sollte daher erteilt werden. Nach § 18 Abs. 2 NStrG ist ein Widerrufsvorbehalt anzuordnen. Die Bauarbeiten sind so durchzuführen, dass die Sicherheit und Leichtigkeit des Verkehrs so wenig wie möglich beeinträchtigt wird. Der Beginn der Bauarbeiten ist eine Woche zuvor anzuzeigen. Die vorhandene Straßendecke darf nicht beschädigt werden. Ferner sind die Ziffern 2, 6, 7 und 11 der Verwaltungsvorschrift vom 8. März 1990 (Nds. MBl., S. 329) zu berücksichtigen. Auch hat der Erlaubnisinhaber die technischen Bestimmungen für Zufahrten zu beachten. Eingehend habe ich am 22.5. mit Herrn Klausing über die Bauausführung und die notwenigen Nebenbestimmungen gesprochen. Auch wurde Herr K. über die rechtlichen Vorgaben (§ 18 Abs. 2 NStrG und § 36 Abs. 2 VwVfG) unterrichtet.

Wolfgang Meyer

2. Frau Stülting zur Entscheidung — einverstanden
Stül. 28.10.

* **Vom Abdruck der Antragsunterlagen wurde abgesehen.**

E.

[4] **Stadt Syke**
[1] Die Bürgermeisterin
Rathausplatz 1
28857 Syke

Syke, den 9.11.2022

[3] **1. Einwurf-Einschreiben**
[2] Franz Klausing
Hillerser Weg 1
28857 Syke *ab: 10.11.2022*

Anlegung einer Zufahrt zur K 34
Ihr Antrag vom 10.10.2022

Sehr geehrter Herr Klausing,

[5] hiermit erteile ich Ihnen nach Maßgabe der in der Anlage beigefügten technischen Bestimmungen* und den Ausführungsplänen* die Sondernutzungserlaubnis, zur Kreisstraße 34 hin, zwischen km 12,5 und km 12,6, eine 6,50 m breite Zufahrt von dem Grundstück Hillerser Weg 1, 28857 Syke zum Zwecke der Anbindung einer landwirtschaftlichen Hofanlage, anzulegen.

Nebenbestimmungen

1. Die Sondernutzungserlaubnis kann jederzeit widerrufen werden.
2. Die Erlaubnis erlischt, wenn von ihr nicht binnen 6 Monaten seit der Unanfechtbarkeit Gebrauch gemacht wird.
3. Die Bauarbeiten sind so durchzuführen, dass die Sicherheit und Leichtigkeit des Verkehrs so wenig wie möglich beeinträchtigt wird. Die Baustelle ist abzusperren und zu kennzeichnen.
4. Die vorhandene Straßendecke darf nicht beschädigt werden.
5. Vor Baubeginn haben Sie zu klären, ob im Bereich der Zufahrt Kabel, Versorgungsleitungen oder dergl. verlegt sind.
6. Der Beginn der Bauarbeiten ist mir rechtzeitig, spätestens 2 Wochen vorher anzuzeigen.
7. Die Beendigung der Bauarbeiten ist mir anzuzeigen.
8. Die Erlaubnis erlischt durch Aufgabe der Nutzung. Die Aufgabe der Nutzung ist mir unverzüglich mitzuteilen.
9. Nach Erlöschen der Erlaubnis ist die Zufahrt zu beseitigen und die Straße wieder ordnungsgemäß herzustellen. Meinen Weisungen ist dabei Folge zu leisten.

Kostenentscheidung

[8] Die Kosten des Genehmigungsverfahrens sind von Ihnen zu tragen.
Für die Sondernutzung ist eine jährliche Gebühr zu zahlen.

[6] **Begründung**

[7] Die von Ihnen geplante Anlegung einer Zufahrt zur Kreisstraße 34 stellt nach den §§ 18 Abs. 1 und 20 Niedersächsisches Straßengesetz[38] (NStrG) eine Sondernutzung dar, die der Genehmigung bedarf. Die erforderliche Erlaubnis wird hiermit erteilt. § 18 Abs. 2 NStrG sieht zwingend vor, durch Anordnung einer Befristung oder eines Widerrufsvorbehalts eine Beendigung der Wirksamkeit der Erlaubnis zu ermöglichen. Ich habe mich für den Widerrufsvorbehalt entschieden, da ein zeitlich fixierter Endpunkt einer Nutzung dieser Zufahrt nicht ersichtlich ist. Die weiteren Nebenbestimmungen sollen insbesondere dazu beitragen, mögliche Beeinträchtigungen während der Bau- und Nutzungsphase zu vermieden, zumindest aber auf ein Mindestmaß zu reduziert. Nach § 36 Abs. 2 Verwaltungsverfahrensgesetz[39] i. V. m § 1 Abs. 1 Nds. Verwaltungsverfahrensgesetz[40], bin ich berechtigt, diese Nebenbestimmungen vorzusehen. Wie ich im Gespräch am 22. Mai u. a. darlegte, sind von mir bei vergleichbaren Erlaubnissen ebenfalls diese Regelungen vorgesehen worden.

[8] Als Antragsteller haben Sie die Kosten des Genehmigungsverfahrens zu tragen. Die Kostenentscheidung richtet sich nach den §§ ...... der Satzung über ......des Landkreises Diepholz vom .....(Quelle.....). Die Festsetzung einer jährlichen Gebühr beruht auf den §§ ......der Satzung über ..... des Landkreises Diepholz vom (Quelle ....) i. V. m. Ziff. .... der Anlage....

Hierzu werde ich Ihnen einen besonderen Kosten- und Gebührenfestsetzungsbescheid erlassen.

Hinweise:

1. Ist für die Ausführung der Zufahrt eine behördliche Genehmigung, Erlaubnis oder dergl. nach anderen Vorschriften oder eine privatrechtliche Zustimmung Dritter erforderlich, so haben Sie diese einzuholen.
2. Nach §§ 18 Abs. 1, 20 Abs. 2 NStrG stellt die Änderung der Zufahrt eine Sondernutzung dar, die erlaubnispflichtig ist. Dies gilt auch, wenn die Zufahrt einem erheblich größeren oder einem andersartigen Verkehr als bisher dienen soll.
3. ...

[38] In der Fassung vom 24.9.1980 (Nds. GVBl. S. 359) , zuletzt geändert durch Gesetz vom 29.6.2022 (Nds. GVBl., S. 420).

[39] In der Fassung der Bekanntmachung vom 23. Januar 2003 (BGBl. I, S. 102), zuletzt geändert durch Gesetz vom 25.6.2021 (BGBl. I, S. 2154).

[40] Vom 3. Dezember 1976 (Nds. GVBl., S.311), zuletzt geändert durch Art 1 des Gesetzes vom 22.9.2022 (Nds GVBl., S. 361)

Rechtsbehelfsbelehrung

[9] Gegen diesen Bescheid kann innerhalb eines Monats nach Bekanntgabe Klage beim Verwaltungsgericht Hannover, Adresse......., erhoben werden.

Mit freundlichen Grüßen
Im Auftrage
Mey.

[13a] 2. Durchschrift Polizeistation Syke

3. Kostenfestsetzungs- und Gebührenbescheid fertigen
4. Wv.: sofort

*** Vom Abdruck wurde abgesehen.**

Muster 10: Der unzuverlässige Gastwirt (Untersagung, AOsofVollz., Zwangsmittelandrohung, Kostenlastentscheidung)

[10] **Stadt Goslar** 11.10.2022
Fachbereich Recht und Ordnung Hausruf: 572

Az. 34/21-22

Untersagung des Gaststättengewerbes

[12] **1. Vermerk**

Meine amtlichen Ermittlungen in Bezug auf den Gaststättenbetrieb des Herrn Klaus Schröder haben Folgendes ergeben:
Herr Klaus Schröder betreibt seit fünf Jahren in Goslar, Lessingstraße 7, die Gaststätte „Havanna".

In seiner Gaststätte ist es in letzter Zeit zu einem regelmäßigen Verkauf von Drogen durch einige Gäste gekommen. Dieses Verhalten der Drogenverkäufer stellt einen Verstoß gegen § 3 des Betäubungsmittelgesetzes dar und ist gemäß § 29 Abs. 1 Nr. 1 des Betäubungsmittelgesetzes strafbar.

Ich habe Herrn Schröder mehrfach auf seine Pflicht hingewiesen, etwas gegen diese strafbaren Handlungen zu unternehmen.
Herr Schröder hat bisher nichts unternommen, um den Drogenverkauf in seiner Gaststätte zu beenden. Die Gaststätte gilt weiterhin in der Drogenszene als Geheimtipp.
Herr Schröder zeigt weiterhin auch keine Bereitschaft, die Polizei bei ihren Ermittlungen zu unterstützen.

Das Verhalten des Herrn Schröder zeigt, dass er nicht die gewerberechtliche Zuverlässigkeit zum Betreiben einer Gaststätte besitzt.

Es ist daher geboten, gem. §§ 35 Gewerbeordnung, 1 Abs. 2 Niedersächsisches Gaststättengesetz, die Fortführung des Gaststättengewerbes zu untersagen.

Karl Schiller

2. Herrn Bruns zur Entscheidung ***ja !***
Bru. 11.10.2022

i.A.
Schi
11.10. 2022

[4] **Stadt Goslar**
[1] **Der Oberbürgermeister**
– Fachbereich Recht und Ordnung –
Charley-Jacob-Straße 3
38640 Goslar

[3] **1. ZU**
[2] Herrn
Klaus Schröder
Lessingstraße 7
38609 Goslar

Ihr Zeichen	Ihre Nachricht vom	Mein Zeichen	Sachbearbeitung	Tel.	Datum
		Az.: 34/21-22	Herr Schiller	(05321) 704-3213	12.10.2022

Ausübung des Gaststättengewerbes
Untersagungsverfügung

Sehr geehrter Herr Schröder,

[5] 1. Hiermit untersage ich Ihnen mit sofortiger Wirkung die weitere selbständige Tätigkeit als Betreiber einer Gaststätte.

[14] 2. Die sofortige Vollziehung des Verbotes ordne ich an.

[17] 3. Wird das Verbot nicht befolgt, werde ich ein Zwangsgeld in Höhe von 1.000 € festsetzen.

[13] 4. Die Kosten des Verfahrens haben Sie zu tragen.

[6] Begründung:

Zu 1.

Sie betreiben in der Lessingstraße 7 die Gaststätte „Havanna". Meine amtlichen Ermittlungen haben ergeben, dass in Ihrer Gaststätte von Gästen Drogen angeboten und auch dort konsumiert werden. Ihr Lokal gilt in der Drogenszene bereits als Geheimtipp.

Die oben in Ziff. 1 ausgesprochene Gewerbeuntersagung stützt sich auf § 35 Abs.1 S. 1 der Gewerbeordnung (GewO)[41], § 1 Abs. 2 des Niedersächsischen Gaststättengesetzes

[41] Gewerbeordnung in der Fassung vom 22. Februar 1999 (BGBl. I, S. 202) zuletzt geändert durch Art. 1 G zur Einführung einer Berufszulassungsregelung für gewerbliche Immobilienmakler und Wohnimmobilienverwalter (BGBl. I, S. 3562)

(NGastG)[42]. Danach bin ich verpflichtet, Ihnen die weitere Ausübung des Gaststättengewerbes zu untersagen, weil Tatsachen belegen, dass Sie als Gewerbetreibender unzuverlässig sind und die Untersagung zum Schutz der Allgemeinheit erforderlich ist.

Sie sind unzuverlässig, weil Sie nicht die Gewähr dafür bieten, in Zukunft Ihr Gewerbe ordnungsgemäß auszuüben. Unzuverlässig ist derjenige, der nicht willens oder in der Lage ist, in Zukunft seine beruflichen Pflichten zu erfüllen. Sie haben die Pflicht, darüber zu wachen, dass Ihr Gaststättenbetrieb im Ganzen ordnungsgemäß geführt wird.

Diese Pflicht haben Sie verletzt, indem Sie Aufsichtsmaßnahmen unterlassen haben, die objektiv erforderlich sind, um das Auftreten von Missständen zu verhindern. Diese Pflicht umfasst alles zu tun, was in Ihren Kräften steht, diese Handlungen zu unterbinden. Sie hätten alle erforderlichen Schritte unternehmen müssen, um dem strafbaren Handel und Besitz von Betäubungsmitteln entgegenzutreten. Sie haben jedoch bis jetzt nichts unternommen, um den Rauschgiftverkauf durch Dritte in Ihrer Gaststätte zu unterbinden und sind damit Ihrer Aufsichtspflicht bisher nicht nachgekommen.

Da Ihnen die Bekämpfung der Straftaten nicht gelungen ist, wäre es Ihre Pflicht gewesen, die Polizei zu informieren und mit dieser in geeigneter Weise zusammenzuarbeiten. Diese gebotene Zusammenarbeit mit der Polizei lehnen Sie ab.

Da Sie kein ernsthaftes und nachhaltiges Bemühen zeigen, diese Missstände in Ihrem Gaststättenbetrieb zu unterbinden, lässt Ihr Verhalten nur den Schluss zu, dass Sie auch künftig die Einhaltung der Rechtsordnung in Ihrem Gaststättenbetrieb nicht gewährleisten können und damit das Gewerbe nicht ordnungsgemäß ausüben werden.

Die Untersagung ist auch zum Schutze der Allgemeinheit erforderlich, da ein milderes Mittel nicht in Betracht kommt, um die ordnungsgemäße Ausübung Ihres Gewerbes zu gewährleisten.

Zu 2.

[15] Die sofortige Vollziehung des Verbotes habe ich nach § 80 Abs. 2 Nr. 4 der Verwaltungsgerichtsordnung (VwGO)[43] angeordnet, weil durch den Verkauf von Drogen in Ihrer Gaststätte die Gesundheit der Gäste gefährdet ist und wegen der Gefahrensituation nicht abgewartet werden kann, bis das Verbot unanfechtbar geworden ist. Das öffentliche Interesse daran, die Gesundheit der Gäste Ihrer Gastwirtschaft zu schützen sowie die Rechtsordnung zu wahren, überwiegt beträchtlich Ihr Interesse, die Gaststätte bis zum Eintritt der Bestandskraft meines Verbotes weiter zu betreiben.

[42] Vom 10. November 2011 (Nds. GVBl. S. 415), zuletzt geändert durch Artikel 6 des Gesetzes vom 26. Januar 2022 (Nds. GVBl. S. 36)

[43] Verwaltungsgerichtsordnung in der Fassung vom 19.März 1991 (BGBl. I, S. 686) zuletzt geändert durch Art. 11 Abs. 24 elDas-Durchführungsgesetz vom 18.07.2017 (BGBl. I, S. 2745)

Zu 3.

Nach §§ 64, 65 Abs. 1 Nr. 2, 67 des Niedersächsischen Polizei- und Ordnungsbehördengesetz (NPOG)[44] bin ich berechtigt, Zwangsgeld bis höchstens 50.000 Euro zu erheben, wenn Sie das Verbot nicht befolgen. Da ich erstmals Zwangsgeld androhe, ist der Betrag, berücksichtigt man ihr wirtschaftliches Interesse daran, das Verbot nicht zu befolgen, angemessen.

[8] Zu 4.

Sie haben Anlass zu diesem Verfahren gegeben und deshalb die Kosten hierfür zu tragen. Diese Entscheidung beruht auf §§ 1, 5 und 13 der Niedersächsischen Verwaltungskostengesetzes[45], § 1 der Allgemeinen Gebührenordnung[46] – AllGO – und laufender Nummer 40.1.15.1 des Kostentarifs zur AllGO. Hierzu werde ich Ihnen in Kürze einen gesonderten Kostenfestsetzungsbescheid zusenden.

[9] Rechtsbehelfsbelehrung:

Gegen diesen Bescheid kann innerhalb eines Monats nach Zustellung des Bescheides Klage beim Verwaltungsgericht Braunschweig, Am Wendentor 7, 38100 Braunschweig, erhoben werden. Die Klage wäre gegen die Stadt Goslar zu richten.

Mit freundlichen Grüßen

Im Auftrag
[1] ***Bruns***

2. Kostenentscheidung fertigen
3. Wv.: 15.11.2022 (Klage ?)

i.A.
Br.

[44] in der Fassung vom 19. Januar 2005 (Nds. GVBl., S.9) zuletzt geändert durch Art. 1 des Gesetzes vom 20. Mai 2019 (Nds. GVBl., S. 88)

[45] in der Fassung vom 25. April 2007 (Nds. GVBl., S. 172) zuletzt geändert durch Art. 11 Haushaltsbegleitgesetz 2017 vom 15. Dezember 2016 (Nds. GVBl. I, S. 301)

[46] Verordnung über die Gebühren und Auslagen für Amtshandlungen und Leistungen (Allgemeine Gebührenordnung – AllGO –) vom 5. Juni 1997 (Nds. GVBl. 1997, S. 171, ber. 1998, S. 501) zuletzt geändert durch Verordnung vom 18.01.2018 (Nds. GVBl., S. 5)

Muster 11: Der uneinsichtige Bauherr (Zwangsgeldfestsetzung)

Diepholz, den 2. Oktober 2022
Az.: 109/5/2022

10,12] 1. Vermerk:

Bauen ohne Baugenehmigung

Martin Manssen, wohnhaft in 28451 Bremen, Am Wall 105, hat in Bassum mit der Errichtung eines Gewerbekomplexes begonnen. Das Grundstück ist ca. 4.500 m^2 groß. Es soll eine Fertigungshalle für Autozahnräder errichtet werden. Zudem ist die Schaffung eines Bürogebäudes mit Werkswohnung für den Hausmeister geplant. Der erforderliche Bauantrag ist im August 2022 eingereicht worden. Die abschließende Prüfung steht aber noch aus. So ist erst in der vergangenen Woche die positive Stellungnahme der Stadt Bassum eingegangen. Die erforderliche statische Berechnung wird, so die Information des begleitenden Architekturbüros, in der kommenden Woche geliefert. Auch fehlt noch die Stellungnahme des Gewerbeaufsichtsamtes.

Trotz Fehlen der erforderlichen Baugenehmigung wurde bereits mit der Errichtung des Bauvorhabens begonnen. Eine am 18. September durchgeführte Ortsbesichtigung ergab, dass bereits die Sohle der Fertigungshalle gegossen wurde. Nach erfolgter Erörterung wurde mit Bescheid von 20. September 2022 gegenüber Manssen (verantwortlicher Bauherr) eine Bausperre erlassen. Für den Fall der Nichtbeachtung der Bausperre wurde ein Zwangsgeld in Höhe von 2.500 € angedroht. Zudem wurde die sofortige Vollziehung des Bescheides angeordnet. Ein Rechtsbehelf wurde von Manssen bisher nicht eingelegt.

Eine neuerliche Überprüfung der Baustelle am heutigen Tage hat nun ergeben, dass Manssen die Bausperre nicht beachtet. Zwischenzeitlich wurden 8 Stahlträger gesetzt. Ferner wurde mit der Errichtung der Außenwände begonnen. Es kann nicht hingenommen werden, dass rechtmäßige Anordnungen der Bauaufsichtsbehörde missachtet werden. Die negative Vorbildwirkung darf nicht unterschätzt werden. Zudem kann, da das Genehmigungsverfahren nicht abgeschlossen ist, nicht gesagt werden, ob nicht – zumindest im Detail – an den vorhandenen Bauplänen Korrekturen vorzunehmen sind.

Ich schlage vor

- das Zwangsgeld in der angedrohten Höhe festzusetzen,
- für den Fall der Nichtbeachtung der Bausperre die Festsetzung eines weiteren Zwangsgeldes in Höhe von 5.000 € anzudrohen,
- auf eine vorherige Anhörung zu verzichten (§ 28 Abs. 2 Nr. 5 VwVfG)

1. Frau Meister z. K. mit der Bitte um Entscheidung
   einverstanden
   Mei. 02.10.

2. Herrn Kastens zur weiteren Veranlassung
   Sölter
   (Dipl.-Ing.)

E.

[4] **Landkreis Diepholz**
[1] **Der Landrat**

Landkreis Diepholz * 34567 Diepholz * Marktplatz 1

Diepholz, den 4.10.2022
Az.: 109/5/2022
Ansprechpartner: Max Kastens
Telefon: 05441 123 45 77

[3] 1. Per Zustellungsurkunde
[2] Herrn Manssen
28451 Bremen,
Am Wall 105

Baueinstellung
Bescheid vom 20. September 2022

Sehr geehrter Herr Manssen,

[5] 1. gegen Sie wird ein Zwangsgeld in Höhe von 2.500 € festgesetzt,

2. das festgesetzte Zwangsgeld ist innerhalb von zwei Wochen nach Zustellung dieses Bescheides auf eines der angegebenen Konten der Kreiskasse einzuzahlen.

[17] 3. Für den Fall, dass Sie die mit o. a. Bescheid angeordnete Baueinstellung weiterhin nicht beachten, werde ich ein weiteres Zwangsgeld in Höhe von 5.000 € gegen Sie festsetzen, was ich hiermit androhe,

[13] 4. die Kosten des Verfahrens haben Sie zu tragen.

[6] **Begründung:**

Zu 1.:

Mit Bescheid vom 20. September 2022 war es Ihnen untersagt worden, das Bauvorhaben Errichtung einer Fertigungshalle sowie Bürogebäude mit Werkswohnung ohne die erforderliche Baugenehmigung auszuführen. Für den Fall der Nichtbeachtung dieser Baueinstellungsanordnung wurde ein Zwangsgeld in Höhe von 2.500 € angedroht. Eine Ortsbesichtigung am 2. Oktober hat ergeben, dass Sie diese Anordnung nicht beachten.

Es wurden acht Stahlträger gesetzt. Zudem wurde mit der Errichtung der Außenwände begonnen. Die erforderliche Baugenehmigung liegt bisher aber noch nicht vor. Da Sie die Anordnung des Baueinstellungsbescheides nicht beachtet haben, setzte ich das Ihnen in diesem Bescheid angedrohte Zwangsgeld in Höhe von 2.500 € gemäß § 79 Abs. 4 Nds. Bauordnung (NBauO[47]) in Verbindung mit § 67 Abs. 1 Niedersächsisches Polizei- und Ordnungsbehördengesetz (NPOG[48]) hiermit fest.

Zu 2.:

Die Einräumung der Zahlungsfrist beruht auf § 67 Abs. 2 Satz 1 NPOG. Diese Frist sollte unter gewöhnlichen Umständen ausreichen, meinem Zahlungsgebot Folge zu leisten. Der Zahlungszeitraum ist damit angemessen bemessen.

Zu 3.:

Nach § 79 Abs. 4 NBauO in Verbindung mit den §§ 65 Abs. 3 und 70 NPOG bin ich berechtigt, für den Fall der weiteren Nichtbeachtung meiner Baueinstellungsanordnung ein weiteres, erhöhtes Zwangsmittel anzuwenden. § 67 Abs. 1 NPOG ermächtigt mich, ein Zwangsgeld bis zu 50.000 € festzusetzen, wenn Sie meiner Anordnung nicht Folge leisten. Da die erstmalige Zwangsgeldandrohung Sie nicht veranlasst hat, dass Bauverbot zu beachten, ist es gerechtfertigt, unter Berücksichtigung Ihres wirtschaftlichen Interesses an der vorzeitigen Fertigstellung des Bauvorhabens, eine Verdoppelung des Betrages auf 5.000 € vorzusehen.

Zu 4.:

Sie haben Anlass zu diesem Verfahren gegeben und deshalb die Kosten zu tragen. Die Kostenentscheidung beruht auf § 1 Abs. 1 Baugebührenordnung (BauGO[49]) in Verbindung mit Anhang 1 zur BauGO Ziff. 11.8.2.

Gemäß § 13 Nds. Verwaltungskostengesetz[50] bin ich auch berechtigt, Auslagenersatz zu verlangen.

Die Höhe der Kosten ergibt sich aus einem gesonderten Kostenfestsetzungsbescheid, den ich Ihnen in Kürze zusenden werde.

[47] Vom 3. April 2012 (Nds. GVBl., S. 46), zuletzt geändert durch Gesetz vom 22.09.2022 (NdsGVBl., S. 578)

[48] in der Fassung vom 19. Januar 2005 (Nds. GVBl., S. 9); zuletzt geändert durch Gesetz vom 22.09.2022 (Nds. GVBl., S.589)

[49] vom 13. Januar 1998 (Nds. GVBl., S.3), zuletzt geändert durch Gesetz vom 4. September 2014 (Nds. GVBl., S. 258)

[50] in der Fassung vom 25. April 2007 (Nds. GVBl. S., 172), zuletzt geändert durch Gesetz vom 15. Dezember 2016 (Nds. GVBl., S. 301)

[9] **Rechtsbehelfsbelehrung**

Gegen diesen Bescheid können Sie innerhalb eines Monats nach Zustellung Widerspruch beim Landkreis Diepholz, 34567 Diepholz, Marktplatz 1, erheben.

[18] **Hinweis:**

Widerspruch und Anfechtungsklage gegen die Zwangsgeldfestsetzung wie auch gegen die erneute Androhung eines Zwangsgeldes entfalten keine aufschiebende Wirkung. Diese entfällt gemäß § 64 Abs. 4 NPOG kraft Gesetzes, weil es sich in beiden Fällen um eine Maßnahme der Verwaltungsvollstreckung im Sinn des § 80 Abs. 2 Satz 2 Verwaltungsgerichtsordnung (VwGO[51]) handelt. Dies bedeutet, dass Sie das Zahlungsgebot innerhalb der Ihnen gesetzten Frist befolgen müssen.

Hochachtungsvoll
Im Auftrag

Kastens

2. Kostenfestsetzungsbescheid fertigen
3. Sollstellung
4. Wv.: sofort (Nach Zustellung unverzüglich Ortsbesichtigung durchführen)

Kastens

[51] in der Fassung der Bekanntmachung vom 19. März 1991 (BGBl. I, S. 686), zuletzt geändert durch Gesetz vom 20.07.2022 (BGBl. I, S. 1325)

Muster 12: Kein Flohmarkt am Sonntag (Ablehnung eines Antrages)

[10] **Michael Behrens**
Celler Str. 23
31303 Burgdorf

Burgdorf, 09.10.2022

An die
Stadtverwaltung Burgdorf
Marktstraße 15
31303 Burgdorf

Ausnahme nach dem Nds. Feiertagsgesetz

Sehr geehrte Damen und Herren,
ich betreibe in der Celler Str. 23 den Lebensmittelmarkt „Feinkost Behrens".

Um meiner Kundschaft auch am Wochenende etwas Besonderes anbieten zu können, möchte ich auf meiner Parkplatzfläche unmittelbar vor dem Einkaufsmarkt jeweils an Sonntagen einen Flohmarkt durchführen. Dieser Flohmarkt soll für jedermann zugänglich sein. Neben gewerblichen Anbietern sollen auch Privatpersonen einen Standplatz buchen können. Personen, die auf dem Flohmarkt Waren anbieten möchten, bekommen von mir gegen Entgelt einen Standplatz zugewiesen.

Die ersten Veranstaltungen sind im November geplant. Ich rechne mit ca. 30 Anbietern, wobei die zur Verfügung stehende Fläche bei Bedarf erweitert werden kann.

Eine Umfrage unter meinen Kunden hat ergeben, dass diese Veranstaltung gewünscht wird und sehr gut angenommen werden wird. Auf meinem weitläufigen Parkplatzgelände finden die Besucher eine ausreichende Zahl von Parkplätzen.Ich bitte daher, mir die gewünschte Ausnahmegenehmigung zu erteilen.

Mit freundlichen Grüßen

Michael Behrens

[4] **Stadt Burgdorf**
[1] **Der Bürgermeister**
– Fachbereich Recht und Ordnung –
Marktstraße 55
31303 Burgdorf

[3] **1. ZU**
[2] Herrn
Michael Behrens
Celler Str. 23
31303 Burgdorf

Ihr Zeichen	Ihre Nachricht vom	Mein Zeichen	Sachbearbeitung/Tel.	Datum
	09.10.2022	Az.: 34/21-22	Herr Schlüter (05136) 898-3213	12.10.2022

Ausnahme nach dem Nds. Feiertagsgesetz

Sehr geehrter Herr Behrens,

[5] 1. Ihren Antrag vom 09.10.2022, Ihnen eine Ausnahmegenehmigung zur Durchführung eines Flohmarktes zu erteilen, lehne ich ab.

2. Die Kosten des Verfahrens haben Sie zu tragen.

[6] Begründung:
Zu 1.
Ihrem Antrag konnte nicht entsprochen werden, weil in Ihrem Fall die rechtlichen Voraussetzungen für die Erteilung einer Ausnahmegenehmigung nicht gegeben sind. Gemäß § 14 Abs. 1 S. 1 Nr. c des Niedersächsischen Gesetzes über die Feiertage (NFeiertagsG)[52] können Ausnahmen von den Verboten und Beschränkungen der § 4 bis 6 und 9 aus besonderem Anlass im Einzelfall zugelassen werden. In Ihrem Fall liegt ein Verbot nach § 4 Abs. 1 NFeiertagsG vor, weil die Durchführung eines Flohmarktes am Sonntag eine öffentliche bemerkbare Handlung darstellt, die dem Wesen der Sonn- und Feiertage widerspricht.

Ein Einzelfall liegt bei dem von Ihnen geplanten Flohmarkt ebenfalls vor, weil sich die beantragte Ausnahmegenehmigung ausschließlich auf den Flohmarkt vor Ihrem Einkaufsmarkt bezieht.

52 Niedersächsisches Gesetz über die Feiertage (NFeiertagsG) in der Fassung vom 7. März (Nds.GVBL. S.50), zuletzt geändert durch Gesetz vom 5. Juni 2013 (Nds.GVBL. S. 131)

Ein besonderer Anlass ist bei der von Ihnen geplanten Flohmarktveranstaltung jedoch nicht gegeben. Voraussetzung dafür ist, dass eine atypische Fallgestaltung vorliegt. Das wäre dann der Fall, wenn ein Vorhaben den Schutzzweck des Arbeitsverbotes nur unwesentlich berührt und wenn schutzwürdige und gewichtige öffentliche oder private Belange eine Ausnahme rechtfertigen würden. Ein solcher besonderer Anlass kann bejaht werden, wenn ein nicht alltägliches Ereignis stattfindet, das eine Nachfrage herbeiruft und damit den Anstoß zum Feilbieten von Waren gibt. Die Veranstaltung selbst kann der besondere Anlass sein, wenn ein überregionaler Bezug besteht oder eine besondere Tradition damit verbunden ist.

Diese Voraussetzungen liegen bei der von Ihnen geplanten Flohmarktveranstaltung nicht vor. Die auf Ihrem Parklatzgelände vorgesehene Veranstaltung stellt kein besonderes Ereignis dar, welches eine entsprechende Nachfrage herbeiruft. Vielmehr stellt der Flohmarkt selbst die Veranstaltung dar.

Die in diesem Zusammenhang geforderte überregionale Bedeutung oder besondere Tradition liegt in Ihrem Fall nicht vor. Die angebotenen Gegenstände stellen ebenfalls keine Besonderheit dar, es handelt sich bei Ihrer Veranstaltung um einen herkömmlichen Flohmarkt mit den üblichen Angeboten.

Wegen des zu erwartenden An- und Abfahrtverkehrs der Veranstaltungsteilnehmer und Besucher ist außerdem mit einer gewissen Unruhe auf dem Parkplatzgelände zu rechnen. Damit wird der Schutzzweck des Arbeitsverbotes nicht unwesentlich berührt, so dass Veranstaltung zu einer Störung der Sonntagsruhe führen wird.

Der Antrag war daher von mir abzulehnen.

[8] Zu 2.
Sie haben Anlass zu diesem Verfahren gegeben und deshalb die Kosten hierfür zu tragen. Diese Entscheidung beruht auf §§ 1, 5 und 13 der Niedersächsischen Verwaltungskostengesetzes[53], § 1 der Allgemeinen Gebührenordnung[54] – AllGO – und laufender Nummer 30 des Kostentarifs zur AllGO.
Hierzu werde ich Ihnen in Kürze einen gesonderten Kostenfestsetzungsbescheid zusenden.

---

53 Niedersächsisches Verwaltungskostengesetz in der Fassung vom 25. April 2007 (Nds. GVBl., S. 173), zuletzt geändert durch Art. 11 Haushaltsbegleitgesetz 2017 vom 15. Dezember 2016 (Nds. GVBl., S. 301)

54 Verordnung über die Gebühren und Auslagen für Amtshandlungen und Leistungen (Allgemeine Gebührenordnung – AllGO –) vom 5. Juni 1997 (Nds. GVBl. 1997, S.171, ber. 1998, S. 501), zuletzt geändert durch Verordnung vom 18.01.2018 (Nds. GVBl., S. 5)

[9] Rechtsbehelfsbelehrung:
Gegen diesen Bescheid kann innerhalb eines Monats nach Zustellung des Bescheides Klage beim Verwaltungsgericht Hannover, Leonhardtstraße 15, 30175 Hannover, erhoben werden. Die Klage wäre gegen die Stadt Burgdorf zu richten.

Mit freundlichen Grüßen
[1] Im Auftrage
Schlüter

2. Kostenentscheidung fertigen
3. Wv.: 15.11. 2022 (Klage ?)
Schlüter

Muster 13: Die Doppelbelegung der Stadthalle (Rücknahme eines begünstigenden Verwaltungsaktes)

Stadt Hameln
– Fachbereich Kultur und Sport –

1. Vermerk:
Stadthalle, Mindener Straße 12; Schützenverein Hameln e.V.

Am 20.05.2022 wurde dem ortsansässigen Schützenverein Hameln e.V. durch Verwaltungsakt die Genehmigung erteilt, unsere Stadthalle, Mindener Straße 12, für ein Vereinsfest am 23.09.2022 zu nutzen.

Bei der Vergabe der Halle ist dem Sachbearbeiter leider ein Fehler unterlaufen.
Für den vorgesehenen Termin war die Festhalle bereits durch schriftlichen Verwaltungsakt an den ortsansässigen Sportverein „Eintracht Hameln“ vergeben, der an diesem Tag sein Vereinsjubiläum dort feiert.
Es ist also zu einer „Doppelbelegung“ gekommen.
Mit beiden Vereinen sind Gespräche geführt worden. Eine Einigung über die Benutzung der Festhalle konnte nicht erzielt werden. Es ist daher notwendig, eine der Genehmigungen aufzuheben.
Die Vergabe der Halle an den Schützenverein ist rechtswidrig, weil in Bezug auf diese Hallenvergabe eine tatsächliche Unmöglichkeit vorliegt. Deshalb sollte diese Genehmigung aufgehoben werden.

Es ist daher geboten, die Genehmigung gem. § 48 Verwaltungsverfahrensgesetz VwVfG[55] zurückzunehmen.

3. Herrn Koppel mit der Bitte, das Rücknahmeschreiben anzufertigen

[55] Verwaltungsverfahrensgesetz in der Fassung vom 23. Januar 2003 (BGBL. I S.102), zuletzt geändert durch Art. 24 Abs. 3 G zur Modernisierung des notariellen Berufsrecht und zur Änderung weiterer Vorschriften vom 25.06.2021 (BGBL: I S. 2154)

E.

[4] **Stadt Hameln**
[1] **Der Oberbürgermeister**
– Fachbereich Sport und Kultur –
Rathausstr . 1
31785 Hameln

[3] 1. Einfacher Brief Hameln, 25.05.2022
[2] Schützenverein Hameln e.V.
z.H. Herrn Schüller
(Vorstandsvorsitzender)
Schillerstr. 5
31785 Hameln

Ihr Zeichen,Ihre Nachricht	**Mein Zeichen**	**Sachbearbeitung**
	AZ 33 / 09- 22	Herr Koppel, Tel. 0551/ 202-3156

Rücknahme der Genehmigung zur Nutzung der Stadthalle, Mindener Straße 12

Sehr geehrter Herr Schüller,

[5] 1. die Ihrem Schützenverein Hameln e.V. am 20.05.2022 erteilte Genehmigung zur Nutzung der Stadthalle, Mindener Straße 12, am 23.09.2022 nehme ich hiermit zurück.

[13] 2. Die Entscheidung ergeht kostenfrei.

[6] **Begründung:**

Zu 1.

Am 20.05.2022 wurde Ihrem Verein die Genehmigung erteilt, die gemeindeeigene Stadthalle, Mindener Straße 12, für ein Vereinsfest am 23.09. 2022 zu nutzen. Diese Genehmigung wurde Ihrem Verein durch einen schriftlichen Verwaltungsakt erteilt. Bei der Vergabe der Festhalle an Ihren Verein ist dem Sachbearbeiter leider ein Fehler unterlaufen. Für den Termin am 23.09.2022 war die Festhalle bereits an den Sportverein Eintracht Hameln vergeben worden. Es ist also zu einer Doppelbelegung der Stadthalle gekommen.

Ich stütze meine Entscheidung auf § 48 Abs. 1 S. 1 VwVfG[56]. Danach bin ich berechtigt, einen rechtswidrigen Verwaltungsakt zurückzunehmen.

Die Genehmigung zur Nutzung der städtischen Festhalle wurde Ihrem Verein durch einen schriftlichen Verwaltungsakt am 20.05.2022 erteilt. Dieser Verwaltungsakt ist rechtswidrig, weil die Vergabevoraussetzungen zum Zeitpunkt der Genehmigungserteilung nicht vorlagen. Die Voraussetzungen für die Vergabe der Festhalle regelt § 30 Niedersächsisches Kommunalverfassungsgesetz (NKomVG)[57], weil es sich bei der Stadthalle um eine öffentlichen Einrichtung der Stadt Hameln handelt.

Danach ist eine Benutzung der öffentlichen Einrichtung nur im Rahmen der bestehenden Vorschriften möglich. Zu den bestehenden Vorschriften gehört nach der Rechtsprechung auch die vorhandene Kapazität, d. h., wenn die Einrichtung bereits vergeben ist, ist eine weitere Belegung unmöglich. Zur Erbringung einer unmöglichen Leistung kann die Stadt Hameln aber nicht verpflichtet werden. Ein Verwaltungsakt, der auf eine unmögliche Leistung gerichtet ist, ist rechtswidrig und kann daher von mir zurückgenommen werden. § 48 Abs. 1 S. 1 VwVfG räumt mir bei einer Entscheidung Ermessen ein, welches ich gem. 40 VwVfG ausgeübt habe.

Ich habe mich entschlossen, die Genehmigung zurückzunehmen, weil die Doppelbelegung der Festhalle vermieden werden soll. Ich habe mich ausschließlich von dem Gesichtspunkt der Rechtswidrigkeit der Ihrem Verein erteilten Genehmigung leiten lassen und damit dem Zweck der Ermächtigung beachtet.

Die Grenzen des Ermessens habe ich eingehalten, weil meine Entscheidung dem Grundsatz der Verhältnismäßigkeit entspricht. Die Doppelbelegung der Festhalle konnte nur dadurch vermieden werden, indem eine der beiden Genehmigungen aufgehoben wird. Bei meiner Entscheidung habe ich die Interessen Ihres Vereins berücksichtigt. Diese Interessen Ihres Vereins müssen aber hinter den öffentlichen Interessen an der Rücknahme der Genehmigung zurückstehen, weil die Rechtswidrigkeit des Verwaltungsaktes auf Grund der Unmöglichkeit der Leistung nur durch eine Rücknahme der Genehmigung aus der Welt geschafft werden kann. Bei der Genehmigung für den Sportverein Eintracht Hameln handelt es sich dagegen um einen rechtmäßigen Verwaltungsakt, was dazu führt, dass die Interessen dies es Vereins höher zu bewerten sind als die Interessen Ihres Vereins an der Aufrechterhaltung eines rechtswidrigen Zustandes.

---

[56] Verwaltungsverfahrensgesetz in der Fassung vom 23.Januar 2003 (BGBL. I S.102), zuletzt geändert durch Art. 24 Abs. 3 G zur Modernisierung des notariellen Berufsrecht und zur Änderung weiterer Vorschriften vom 25.06.2021 (BGBL: I S. 2154)

[57] in der Fassung vom 17. Dezember 2010 (Nds. GVBL. S. 576), zuletzt geändert durch Art 1 G zur Änderung des KommunalverfassungsG vom 23.März 2022 (Nds. GVBL. S. 1)

Sollte Ihrem Verein durch meine Entscheidung ein Vermögennachteil entstanden sein, werde ich diesen gem. § 48 Abs. 3 S. 1 VwVfG ausgleichen, wenn Ihr Verein dies bei mir beantragt und die Voraussetzungen dafür vorliegen. Der Anspruch kann gem. § 48 Abs. 3 S. 5 VwVfG nur innerhalb eines Jahres geltend gemacht werden.

[8] Zu 2.:

Die Entscheidung beruht auf §§ 1, 5, 11 Niedersächsisches Verwaltungskostengesetz (NVwKostG)[58]. Die Kosten sind nach § 11 Abs. 1 dieses Gesetzes zu erlassen, weil die Stadt Hameln die Sache unrichtig behandelt hat.

[9] **Rechtsbehelfsbelehrung:**

Gegen diesen Bescheid können Sie innerhalb eines Monats nach Bekanntgabe Klage beim Verwaltungsgericht Hannover, Leonhardstr. 15, 30175 Hannover, erheben.

Mit freundlichen Grüßen
Im Auftrage

Koppel

2. Wv: 29.06.2022

i.A.
Ko 25.05 2022.

[58] in der Fassung vom 25. April 2007 (Nds.GVBL . S. 173) zuletzt geändert durch Art. 11 Haushaltsbegleitgesetz 2017 vom 15. Dezember 2016 (Nds. GVBL. S 30199)

Muster 14: Der sorgenvolle Bauherr (Bauvorbescheid)

Osnabrück, den 10.01.2023
Az.: 3/3/2023

[10,12] 1. Vermerk

Geplante Errichtung eines Wohn- und Geschäftshauses in Bohmte

Sybille Kautzberger, Vitischanze 14, 56677 Osnabrück, plant die Errichtung eines Wohn- und Geschäftshauses in 56679 Bohmte, Mittelweg 12. Die Grundstücksgröße beträgt 1145 m^2. Es liegt im Zentrum von Bohmte. Da für diesen Bereich kein Bebauungsplan existiert, möchte Frau Kautzberger geklärt wissen, ob ihr Vorhaben planungsrechtlich zulässig ist. Sie beantragte daher am 09.12.2022 den Erlass eines positiven Bauvorbescheides. Aus dem Antrag geht hervor, dass ein zweigeschossiger Gebäudekörper errichtet werden soll. Es soll eine Fläche von ca. 150 m^2 überbaut werden. Im Erdgeschoss soll ein Fitnessstudio eingerichtet werden. Dieses Studio wird dann in Kooperation mit dem örtlichen Sportverein betrieben. Ziel ist es u. a. Reha-Sportangebote zu unterbreiten. Im Obergeschoss ist die Schaffung einer ca. 100 m^2 großen Wohnung geplant.

Das vorgesehene Baugrundstück liegt im sog. unbeplanten Innenbereich. Die planungsrechtliche Zulässigkeit des Vorhabens beurteilt sich daher nach § 34 BauGB. Eine Ortsbesichtigung ergab hinsichtlich der vorhandenen Bebauung folgendes Bild: In unmittelbarer Umgebung des Baugrundstücks ist durchweg bebaut. Die Größe der Grundstücke schwankt zwischen ca. 800 und 1200 m^2. Im Mittelweg gibt es neben Wohngebäuden auch zwei Wohn- und Geschäftshäuser. Das Grundstück Mittelweg 34 wird als Betriebsstätte für einen Heizungsbaubetreib genutzt. Der Betrieb verfügt über einen kleinen Lagerbereich und einen Büro- und Geschäftsraum. Es ist ein inhabergeführter Betrieb mit zwei Angestellten. Im Mittelweg 4 ist eine kleine Änderungsschneiderei untergebracht. In der näheren Umgebung befindet sich zudem noch eine Pizzeria. Weiterhin befindet sich in der Parallelstraße, die diesem Gebiet zuzuordnen ist, eine Tageseinrichtung für Personen, die eine Demenzerkrankung aufweisen. Betreiber dieser Einrichtung ist die Diakonie. Des Weiteren ist in diesem Bereich ein Gebäude vorhanden, das vorwiegend als Bürogebäude (zwei Rechtsanwälte und ein Steuerberater) genutzt wird. Insgesamt betrachtet nähert sich dieses Gebiet einem Allgemeinen Wohngebiet an. Hinsichtlich der Art der geplanten baulichen Nutzung fügt das Vorhaben sich in die nähere Umgebung ein. Auch das Maß der geplanten baulichen Nutzung unterschreitet eher die sonst vorhandene Ausnutzung der Baugrundstücke. Auch liegt eine ausreichende Erschließung des Grundstücks vor (siehe auch Stellungnahme der Gemeinde Bohmte vom 21.12.2022*). Die Gemeinde hat dem Bauvorhaben ausdrücklich zugestimmt (Schreiben vom 21.12.2022*).

Das Vorhaben ist damit nach § 34 Abs. 1 BauGB planungsrechtlich zulässig.
Dem Antrag ist damit zu entsprechen.

Michaela Wiluda

2. Herrn Müller z. K. u. w. V.
(* vom Abdruck wurde abgesehen)

[1,4] **Landkreis Osnabrück** **E.**
Der Landrat

1.
[3] Frau Sybille Kautzberger
Vitischanze 14
56677 Osnabrück

Ihr Zeichen	**Ihre Nachricht vom**	**Mein Zeichen**	**Sachbearbeitung**	**Datum**
	09.12.2022	3/3/2023	Herr Müller (03344) 33 501 333	23.01.2023

Geplante Errichtung eines Wohn- und Geschäftshauses in Bohmte
Ihr Antrag 150.5.2019

[5] Sehr geehrte Frau Kautzberger,

1. das von Ihnen geplante Vorhaben, Errichtung eines Wohn- und Geschäftshauses (Fitnessstudio) auf dem Grundstück in 56679 Bohmte, Mittelweg 12 (Flur 12, Flurstück 3 der Gemarkung Moorheide), ist – auf der Basis der eingereichten Unterlagen – planungsrechtlich zulässig.

2. Sie haben Kosten für dieses Verfahren zu tragen.

[6a] **Begründung:**

Sie planen, in 56679 Bohmte, Mittelweg 12, ein Wohn- und Geschäftshaus zu errichten. Mit Schreiben vom 09. Dezember 2022 beantragen Sie, einen Aspekt, des hier notwendigen Baugenehmigungsverfahrens vorab klären zu lassen. Sie wollen geklärt wissen, ob das Vorhaben in planungsrechtlicher Hinsicht auf diesem Grundstück verwirklicht werden kann.

Das von Ihnen zur Bebauung in Aussicht genommene Grundstück liegt im sog. Innenbereich der Gemeinde. Ein rechtsverbindlicher Bebauungsplan existiert für diesen Bereich aber nicht. Damit beurteilt sich die planungsrechtliche Zulässigkeit Ihres Vorhabens nach § 34 Baugesetzbuch[59]. Da sich Ihr geplantes Vorhaben hinsichtlich der Art und des Maßes der Bebauung in die nähere Umgebung einfügt und die Erschließung gesichert ist, ist es planungsrechtlich zulässig. Damit kann Ihrem Begehren, Ihnen einen positiven Bauvorbescheid zu erteilen, entsprochen werden.

[59] In der Fassung der Bekanntmachung vom 03.11.2017 (BGBl. I, S. 3634), zuletzt geändert durch Gesetz vom 8.10.2022 (BGBl. I, S. 1726)

Sie haben Anlass zu diesem Verfahren gegeben und deshalb die Kosten hierfür zu tragen. Die Kostenentscheidung beruht auf § 1 Abs. 1 Baugebührenordnung (BauGO[60]) in Verbindung mit Anhang 1 zur BauBO Ziff. 1.13. Gemäß § 13 Nds. Verwaltungskostengesetz[61] bin ich auch berechtigt, Auslagenersatz zu verlangen.

Die Höhe der Kosten ergibt sich aus einem gesonderten Kostenfestsetzungsbescheid, den ich Ihnen in Kürze zusenden werde.

[9] **Rechtsbehelfsbelehrung**
Gegen diesen Bescheid können Sie innerhalb eines Monats nach Bekanntgabe Widerspruch beim Landkreis Osnabrück, Marktplatz 1, 56678 Osnabrück erheben.

Hinweis:
Vorsorglich weise ich darauf hin, dass der Bauvorbescheid Sie nicht berechtigt, mit dem Bauvorhaben zu beginnen. So das Bauvorhaben von Ihnen verwirklicht wird, ist zuvor ein Baugenehmigungsverfahren durchzuführen.

Freundliche Grüße
Im Auftrage

Mül. 27.06.

2. Kostenfestsetzungsbescheid fertigen
3. Sollstellung
4. Wv.: 01.08.2022

[60] vom 3.4.2012 (Nds. GVBl., S. 46); zuletzt geändert durch Gesetz vom 22.9.2022 (Nds. GVBl., S. 578)
[61] in der Fassung vom 25.04.2007 (Nds. GVBl., S. 172); letzte Änderung vom 15.12.2016 (Nds. GVBl., S. 301)

V. WIDERSPRUCHSVERFAHREN

Muster 15: Die verweigerte Umweltinformation (Widerspruchsbescheid und neue Erstentscheidung)

Angelsportverein Mühlenbach e. V.

1. Vorsitzende

28857 Syke, im September 2022
Am Hachgrund 34 a

[10] Stadt Syke
Rathausplatz 1
28857 Syke

Eingang: 26. September 2022

Auskunft

Sehr geehrte Damen und Herren,

wir beabsichtigen, den Mühlenteich in Syke-Gessel zu pachten. Dieses Gewässer ist ca. 6.500 m^2 groß und ideal für unsere Zwecke geeignet. Wir wollen dort Forellen aussetzen und Anglern aus Nah und Fern Gelegenheit geben, ihr Hobby in der Natur auszuüben. Mit der Herrichtung dieses Gewässers sind aber für unseren Verein erhebliche Aufwendungen verbunden. Diese können wir uns als kleiner Verein nur leisten, wenn das Konzept „Forelle in natürlicher Umgebung" auch vom wirtschaftlichen Erfolg begleitet wird. Eine Grundvoraussetzung für den gewünschten Erfolg ist die Wassergüte. Ein Parameter ist der ph-Wert. So sind beispielsweise ph-Werte von über 9 oder unter 5,5 für Forellen tödlich. Übersteigt dieser Wert die Zahl 10,5 oder unterschreitet er die Zahl 5,0, so sind diese Lebensbedingungen für **alle** einheimischen Fische tödlich.

Durch diesen Mühlenteich fließt auch die Hache. Etwas oberhalb des Mühlenteichs steht das Klärwerk der Stadt Syke. Da die Hache als Einleiter genutzt wird, werden von Ihnen auch regelmäßig Wasserproben genommen. Ich darf Sie daher bitten, mir folgende Informationen über die Wasserqualität der Hache und des Mühlenteichs zu übermitteln. Von besonderer Bedeutung sind dabei die nachfolgenden Parameter:

> pH-Wert, Sauerstoff-, Stickstoff-, Phosphor- und Quecksilbergehalt
> (der vergangenen 24 Monate)

Ich bedanke mich bereits jetzt für Ihre Mühen.

Mit freundlichen Grüßen

Marcel Körbel

E.

[1,4] **Stadt Syke**
Die Bürgermeisterin

Rathausplatz 1 * 28857 Syke

28857 Syke, den 27. Oktober 2022
Az.: 11/3-NUIG/2022
Ansprechpartnerin: Frau Krause
Tel.: 04242 161 3344 50
U_Krause@Stadt.Syke.de

[2a/3] 1. An den
Angelsportverein Mühlenbach e. V.
z. Hd. Marcel Körbel
(1. Vorsitzender)
Am Hachgrund 34 a
28857 Syke

ab.: 28. Oktober 2022

Auskunftsverlangen
Ihr Schreiben vom 26. September 2022

Sehr geehrter Herr Körbel,

[5] Ihren im Namen des Angelsportvereins Mühlenbach e. V. gestellten Antrag auf Übermittlung von Informationen zur Wassergüte der Hache und des Mühlenteichs in Syke-Gessel lehne ich ab.

Kosten werden nicht erhoben.

[6] **Begründung:**

Sie haben den Antrag gestellt, Ihnen bestimmte Umweltinformationen über die Wassergüte der Hache und des Mühlenteichs in Syke-Gessel zu übermitteln.

Nach § 3 Nds. Umweltinformationsgesetz (NUIG)[62] besteht unter bestimmten Voraussetzungen zwar ein Anspruch darauf, dass bestimmte Informationen übermittelt werden, doch liegen diese Voraussetzungen bei Ihrem Verein nicht vor. Zwar handelt es sich bei den gewünschten Informationen um Umweltinformationen im Sinne dieses Gesetzes, doch greifen hier Versagungsgründe. Nach § 3 S. 2 NUIG in Verbindung mit § 9 Abs. 1 Nr. 3

[62] vom 7. Dezember 2006 (Nds. GVBl. 2006 S. 580), zuletzt geändert durch Gesetz vom 8.06.2016 (Nds. GVBl., S. 94)

Umweltinformationsgesetz (UIG)[63] liegen Versagungsgründe vor. So ist nach § 9 Abs. 1 Nr. 1 UIG ein Antrag abzulehnen, wenn durch das Bekanntgeben der Informationen Betriebsgeheimnisse zugänglich gemacht würden. Die von Ihnen gewünschten Informationen könnten Rückschlüsse auf den Betrieb der Kläranlage zulassen. Dies ist weder im Interesse der Stadt noch der Öffentlichkeit.

Die Kostenentscheidung beruht auf § 6 Abs. 2 S. 1 NUIG.

[9] **Rechtsbehelfsbelehrung**
Gegen diesen Bescheid können Sie innerhalb eines Monats nach Bekanntgabe Widerspruch bei der Stadt Syke, Rathausplatz 1, 28857 Syke, einlegen.

Freundliche Grüße
Im Auftrage

Sol. 27.10.

2. Wv.: 05.12.2022 (Widerspruch eingegangen?)

[63] in der Fassung der Bekanntmachung vom 27. Oktober 2014 (BGBl. I, S. 1643), zuletzt geändert durch Gesetz vom 25.02.2021 (BGBl. I, S. 306)

Dr. Herbert Grünken
Rechtsanwalt

28857 Syke, 16. November 2022
Hauptstraße 21
04242 22 33 44

[23] An die
Stadt Syke
Rathausplatz 1
28857 Syke

Eingang: 18. 11. 2022

Auskunftsverlangen des Angelsportvereins Mühlenbach e. V.
Ihr Schreiben vom 27. Oktober 2022 Az.: 11/3-NUIG/2022

Sehr geehrte Damen und Herren,

der Angelsportverein Mühlenbach e. V., vertreten durch seinen Vorsitzenden Herrn Marcel Körbel, hat mich mit der Wahrnehmung seiner Interessen beauftragt. Eine auf mich lautende Vollmacht ist beigefügt (vom Abdruck wurde abgesehen).

Namens des Angelsportvereins Mühlenbach e. V. lege ich gegen den Bescheid vom 27. Oktober 2022 Widerspruch ein. Die Ablehnung des Informationsgesuches kann keinen Bestand haben. Das Nds. Umweltinformationsgesetz sieht ausdrücklich vor, dass jede Person, ohne ein Interesse darlegen zu müssen, nach Maßgabe des Gesetzes Anspruch auf Zugang zu Umweltinformationen hat, über die eine informationspflichtige Stelle verfügt. Unstrittig handelt es sich bei den gewünschten Informationen um Informationen im Sinne des Gesetzes. Auch verfügt die Stadt Syke über diese Informationen. Obgleich nicht gefordert, gibt es zudem eine sachgerechte Begründung für das Auskunftsverlangen. Nur in sehr engen Grenzen ist es der entsprechenden Stelle verwehrt, die begehrte Auskunft zu verweigern. Es ist gerade Ziel des Gesetzgebers, den Einzelnen und der Allgemeinheit Zugang zu vorhandenen Umweltinformationen zu gewähren. Der von Ihnen vorgetragene Ablehnungsgrund kann nicht greifen. Ist bereits zweifelhaft, ob durch die Offenlegung der Daten überhaupt Betriebsgeheimnisse berührt werden können, so darf doch nicht übersehen werden, dass es sich bei dem Klärwerk um eine öffentliche Einrichtung handelt. Einerseits fehlt es an einer Konkurrenzsituation, die den Schutz von Betriebsgeheimnissen rechtfertigen würde, andererseits kann aus den Daten allenfalls geschlossen werden, dass Umweltvorgaben nicht beachtet worden sind. Sollte dies der Fall sein, hätte gerade die Öffentlichkeit ein gesteigertes Interesse an der Veröffentlichung dieser Umweltdaten.

Ich bitte Sie daher im Namen meiner Mandantschaft den Ablehnungsbescheid aufzuheben und die gewünschten Informationen zu geben. Bitte beachten Sie zudem, dass der Verein ein Interesse an einer raschen Klärung hat. Es gibt nur ein relativ kleines Zeitfenster, um den avisierten Vertrag abschließen zu können.

Mit freundlichen Grüßen

Dr. Herbert Grünken

Syke, 09. 11. 2022
Az: 11/3-NUIG/2022

[12] **1. Vermerk**

Der Angelsportverein Mühlenbach e. V., der seinen Sitz in der Stadt Syke hat, begehrte mit Schreiben vom 26. September 2022 bestimmte Umweltinformationen zur Wassergüte der Hache und des Mühlenteiches in Gessel. Dieser Antrag ist mit Bescheid vom 25. Oktober 2022 abgelehnt worden. Form- und fristgerecht ist gegen diese Entscheidung Widerspruch eingelegt worden. Der Widerspruch ist auch begründet. Grundsätzlich besteht nach § 3 NUIG ein Anspruch auf Zugang zu Umweltinformationen, über die eine informationspflichtige Stelle verfügt. Die Stadt Syke ist eine informationspflichtige Stelle im Sinne des § 2 Abs. 1 Nr. 2 NUIG. Sie verfügt auch über die entsprechenden Informationen. Regelmäßig werden von Mitarbeitern des Klärwerkes (Regiebetrieb der Stadt) entsprechende Wasserproben gezogen. Zwar kann unter engen Grenzen das Auskunftsverlangen abgelehnt werden (siehe § 3 S. 2 NUIG i. V. m. §§ 8 f. UIG). Als Ablehnungsgrund käme hier allenfalls der § 9 Abs. 1 Nr. 3 UIG (Schutz von Betriebsgeheimnissen) in Betracht. Es liegt aber auf der Hand, dass das gesetzgeberische Ziel nicht erreicht werden kann, wenn jede Information, die gewisse Rückschlüsse auf den Betriebsablauf zulässt, geschützt werden würde (ähnlich VG Stade Urt. vom 19.06.2014 Az.: 2 A 2735/12). Die gewünschten Informationen würden zudem allenfalls Rückschlüsse darauf zulassen, ob der Betrieb des Klärwerks die gesetzlichen Voraussetzungen einhält.

Aber auch (kommunal-)politisch ist es geboten, die gewünschten Informationen zu übermitteln. Erklärtes Ziel der Verwaltungsführung und des Rates ist es, für höchstmögliche Transparenz zu sorgen.

Walter
(Fachdienstleiterin)

2. Herrn Meyer z. w. V.

E.

[22] **Stadt Syke**
Die Bürgermeisterin

Rathausplatz 1 * 28857 Syke

28857 Syke, den 12. Dezember 2022
Az.: 11/3-NUIG/2022
Ansprechpartner: Herr Meyer
Tel.: 04242 161 3344 52
B_Meyer@Stadt.Syke.de

[23] Herrn Rechtsanwalt
Dr. Herbert Grünken
Hauptstraße 21
28857 Syke

ab.: 14.12.2022

Auskunftsverlangen des Angelsportvereins Mühlenbach e. V., Syke
Mein Schreiben vom 27. Oktober 2022 Az.: 11/3-NUIG/2022
Widerspruch vom 16. November 2022
Anlage: 1

Sehr geehrter Herr Dr. Grünken,

[24] aufgrund des von Ihnen, im Namen des Angelsportvereins Syke, eingelegten Widerspruchs, hebe ich meinen Bescheid vom 25. Oktober 2022 Az.: 11/3-NUIG/2022 auf und übermittle die gewünschten Informationen (Anlage 1 [vom Abdruck wurde abgesehen]).

[25] Für das Widerspruchsverfahren werden keine Kosten erhoben.

[26] Sollten Ihrem Mandanten Aufwendungen für die zweckgerechte Rechtsverfolgung entstanden sein, werden ihm diese von mir auf Antrag erstattet. Die Hinzuziehung eines Rechtsanwalts war notwendig.

[27] Für die Auskunftserteilung werden von Ihrem Mandanten Verwaltungsgebühren in Höhe von 100 € erhoben.

[28] **Begründung:**

Der zulässige Widerspruch ist begründet. Nach § 3 S. 1 Nds. Umweltinformationsgesetz (NUIG[64]) hat jede Person, nach Maßgabe dieses Gesetzes, Zugang zu Umweltinformationen, über die die Stadt Syke als informationspflichtige Stelle verfügt. Nur in engen Grenzen kann dieses Auskunftsverlangen abgewiesen werden. Die Voraussetzungen für eine Verweigerung der Auskunft liegen in diesem Fall nicht vor. Zudem entspricht es den Leitprinzipien der Stadt, höchstmögliche Transparenz zu gewährleisten. Die Übermittlung der gewünschten Umweltdaten dient auch diesem Anspruch.

Da der Widerspruch erfolgreich war, sind Ihrem Mandanten nach § 1 Abs. 1 Nds. Verwaltungsverfahrensgesetz[65] in Verbindung mit § 80 Verwaltungsverfahrensgesetz[66] die notwendigen Aufwendungen zu erstatten.

Für die Durchführung des Widerspruchsverfahrens entstehen nach § 11 Abs. 1 Nds. Verwaltungskostengesetz[67] keine Kosten. Nach § 12 Abs. 1 S. 2 NdsVerwKostG sind aber auch bei einem erfolgreichen Rechtsbehelf die Kosten für die vorzunehmende Amtshandlung zu erheben. Nach § 6 NUIG ist die Auskunftserteilung kostenpflichtig. Der Kostenrahmen bewegt sich nach Nr. 1 der Anlage zwischen 25 und 500 €. Im Hinblick auf den Arbeitsaufwand von 2 Stunden zur Zusammenstellung der Daten ist es angemessen, eine Verwaltungsgebühr von 100 € zu erheben. Dieser Betrag ist innerhalb von 14 Tagen, nach Bekanntgabe dieses Bescheides, auf eines der u. a. Konten unter Hinweis auf das Kassenzeichen (xxxx) einzuzahlen.

[29] **Rechtsbehelfsbelehrung**
Gegen diesen Bescheid kann innerhalb eines Monats nach Bekanntgabe beim Verwaltungsgericht Hannover, Leonhardtstraße 15, 30175 Hannover, Klage erhoben werden.

Mit freundlichen Grüßen
Im Auftrage

Mey 12./12.

2. Wv.: 27.12. (Zahlung eingegangen?)

---

64 vom 7. Dezember 2006 (Nds. GVBl. 2006 S. 580), zuletzt geändert durch Gesetz vom 8.06.2016 (Nds. GVBl., S. 94)

65 vom 03. Dezember 1976 (Nds. GVBl. 1976, S. 311); zuletzt geändert durch Artikel 1 des Gesetzes vom 22.09.2022 (Nds. GVBl., S. 589)

66 in der Fassung der Bekanntmachung vom 23. Januar 2003 (BGBl. I, S. 102), zuletzt geändert durch Gesetz vom 25.06.2021 (BGBl. I, S. 2154)

67 in der Fassung vom 25. April 2007 (Nds. GVBl., S. 172), geändert durch Gesetz vom 15. Dezember 2016 (Nds. GVBl., S. 301)

Muster 16: Der neue Wintergarten (Widerspruchsbescheid)

Az.: B4567/22, 15.05.2022

1. Vermerk:

Bei routinemäßigen Überprüfungen im Baugebiet Osterbruch fiel auf, dass auf dem Grundstück des Herrn Liebermann Baumaßnahmen angestrengt wurden. Inzwischen wurde dort ein Wintergarten errichtet. Weitere Überprüfungen haben ergeben, dass dieser Wintergarten, welcher direkt nach Süden an das Haus angesetzt ist, eine Grundfläche von 20 m^2 hat.

Nach unseren Berechnungen steht dieser Wintergarten damit nicht im Einklang mit den maßgeblichen Festsetzungen (vom Abdruck des Bebauungsplans ist hier abgesehen, die Berechnung der Behörde steht aber im Einklang dazu), da hierdurch nämlich die maximal zulässige Versiegelungsfläche überschritten wird. Aus den Akten ist ersichtlich, dass das Grundstück bereits weitgehend versiegelt war und nur noch 2,5 m^2 für weitere Versiegelung zur Verfügung gestanden hätten.

Auf unsere schriftliche Kontaktaufnahme hin erfolgte von Herrn Liebermann keine Reaktion.

Eine Alternative zum Rückbau des Wintergartens kommt insbesondere in Anbetracht der minimalen Restfläche, die noch hätte versiegelt werden dürfen, nicht in Betracht. Der Erlass der Abrissverfügung wird vorbereitet.

Gez.
Denker

2. Herrn Teamleiter Schmidt m. d. B. um Bestätigung der Verfügung

Abrissverfügung erlassen, am besten mit Vier-Wochen-Frist, um Verhältnismäßigkeit zu wahren. Auch an Anordnung der sof. Vollz. denken!

Schmidt, 16.05.2022

[1,4] **Landkreis Hildesheim**
Der Landrat
Fachbereich Bauen
Bischof-Janßen-Str. 31
31134 Hildesheim

20.05.2022
Az.: B4567/22

[3] per Zustellungsurkunde
[2,3] Herrn
Heinz-Rudolph Liebermann
Hallerstraße 44
31199 Diekholzen

Bebauung Ihres Grundstückes Hallerstraße 44, 31199 Diekholzen

Sehr geehrter Herr Liebermann,

[5,13] hiermit gebe ich Ihnen auf,

1. den von Ihnen errichteten Wintergarten innerhalb von vier Wochen nach Zugang dieses Schreibens zurückzubauen.
2. Die sofortige Vollziehung meiner Maßnahme zu 1. ordne ich an.
3. Sollten Sie der Rückbauverfügung nicht fristgemäß nachkommen, werde ich ein Zwangsgeld von 500 € gegen Sie verhängen.[68]
4. Die Kosten des Verfahrens haben Sie zu tragen.

[6] **BEGRÜNDUNG**

Im Zuge routinemäßiger Überprüfungen im Baugebiet Osterbruch fiel auf, dass Sie auf Ihrem Grundstück einen Wintergarten errichtet haben. Eine Baugenehmigung hierfür haben Sie nicht beantragt. Der Wintergarten hat eine Grundfläche von 20 m² und ist nach Süden hin direkt an Ihr Haus angesetzt. Auf unser Anschreiben zum Zwecke der Erörterung des weiteren Vorgehens haben Sie nicht reagiert.

Zu 1.:
Gem. § 79 Absatz 1 Satz 1, 2 Ziffer 4 Niedersächsische Bauordnung (NBauO) bin ich ermächtigt, die Beseitigung von Anlagen anzuordnen, sofern diese nicht dem öffentlichen Baurecht entsprechen. Der von Ihnen errichtete Wintergarten widerspricht dem öffentlichen Baurecht, denn zum einen haben Sie die erforderliche Baugenehmigung weder beantragt noch erhalten, was einen Verstoß gegen § 59 NBauO darstellt.

[68] Der Abriss stellt eine vertretbare Handlung dar, sodass auch eine Ersatzvornahme erwogen werden kann.

Des Weiteren ist Ihre Baumaßnahme auch nicht genehmigungsfähig, da sie nicht im Einklang mit den gem. § 30 Baugesetzbuch (BauGB) festgesetzten Vorgaben steht. Denn der Wintergarten überschreitet die maximal zur Versiegelung zugelassene Fläche. Im Vorfeld der Errichtung der gegenständlichen Anlage war Ihr Grundstück bereits sehr weitreichend versiegelt. Nur 2,5 m^2 weitere versiegelbare Fläche waren noch vorhanden. Durch den Wintergarten wurden nun aber 20 m^2 zusätzlich versiegelt.

Bei meiner Entscheidung habe ich pflichtgemäß von dem mir eingeräumten Ermessen Gebrauch gemacht. Der Beseitigungsverfügung ist verhältnismäßig, insbesondere angemessen, weil vor allem in Anbetracht der äußerst geringen Restfläche von 2,5 m^2 keine alternative Maßnahme bzw. eine Umgestaltung oder sinnvolle Verkleinerung Ihres Wintergartens in Betracht kommt. Weiterhin müssen Ihre Interessen am Erhalt des Wintergartens gegenüber dem öffentlichen Interesse zurücktreten, denn Sie halten sich mit der Anlage nicht an das geltende Recht, sodass diese auch nicht von der allgemeinen Baufreiheit abgedeckt ist. Eine Abweichung hiervon zu Ihren Gunsten kommt nicht in Betracht und hätte überdies auch negative Vorbildwirkung. Dass Sie finanzielle Einbußen durch den Rückbau erleiden werden, ist hinzunehmen, da Sie es selbst zu verschulden haben, auf diese Weise gebaut zu haben. Im Rahmen des hierfür gesetzlich vorgeschriebenen und von Ihnen nicht beantragten Baugenehmigungsverfahrens wäre dieser Verstoß rechtzeitig festgestellt worden und die Einbußen hätten vermieden werden können. Die jetzige Situation wurde damit alleinig durch Ihr Fehlverhalten selbst verursacht. Schließlich gefährden Sie durch die deutliche Überschreitung der maximal zur Versiegelung zugelassenen Grundstücksfläche auch die Interessen Ihrer Nachbarn, denn so ist die Versickerung des anfallenden Oberflächenwassers nicht mehr hinreichend gewährleistet, wodurch es zu Schäden an Gebäuden kommen kann.

Zu 2.:
Gem. § 80 Absatz 2 Satz 1 Ziffer 4 Verwaltungsgerichtsordnung bin ich ermächtigt die sofortige Vollziehung anzuordnen, sofern das öffentliche Interesse dieses erfordert. Vorliegend verstoßen Sie gegen das geltende Baurecht, sodass das öffentliche Interesse entsprechend betroffen ist.[69]

---

69 Die Rechtmäßigkeit der Anordnung nach § 80 II 1 Nr. 4 VwGO setzt ein überwiegendes öffentliches Interesse voraus, welche in einer besonderen Eilbedürftigkeit der Maßnahme liegen muss. Eine bloße Bekräftigung hinsichtlich des Erlasses des Grund-VAs genügt dazu nicht. Es ist nicht erneut zu begründen, dass die angeordnete Maßnahme ergehen muss, sondern vielmehr, warum bzw. dass ein besonderer Eilfall gegeben und die Maßnahme demnach so zeitnah umgesetzt werden muss, dass ein ggf. durchzuführendes Rechtsbehelfsverfahren nicht mehr abgewartet werden kann. Dieses würde nämlich Suspensiveffekt haben und die innere Wirksamkeit des Verwaltungsaktes entsprechend hemmen.
Im vorliegenden Fall wäre es evtl. denkbar, je nach Jahreszeit mit zu erwartenden erheblichen Niederschlägen zu argumentieren, welche dann nicht in dem erforderlichen Umfang versickern könnten, sodass Schäden zu befürchten wären.

Zu 3.:
Gemäß § 79 Abs. NBauO in Verbindung mit den §§ 64, 65, 67 Nds. NPOG bin ich ermächtigt, gegen Sie ein Zwangsgeld zu verhängen, wenn Sie der Verfügung nicht Folge leisten. Dieses beträgt bis zu 50.000 €. Das hier angedrohte Zwangsgeld wird im Falle der Nichtvornahme der Abrisshandlung auf 500 € festgesetzt, was in gleichgelagerten Fällen der gängigen Verwaltungspraxis entspricht.

Zu 4.:
Durch die Verletzung des geltenden Baurechts haben Sie Anlass zu diesem Verwaltungsverfahren gegeben, sodass Sie die verursachten Kosten zu tragen haben. Hierzu wird ein gesonderter Kostenbescheid gegen Sie ergehen.

Rechtsbehelfsbelehrung:

Gegen diesen Bescheid können Sie binnen eines Monats nach Bekanntgabe Widerspruch erheben. Dieser ist zu richten an den Landkreis Hildesheim, Bischof-Janßen-Str. 31, 31134 Hildesheim.

i.A.
Denker

Heinz-Rudolph Liebermann
Hallerstraße 44
31199 Diekholzen

29.05.2022

Eingang: 31.05.2022

An den Landkreis Hildesheim
– Bauaufsicht –

Einspruch

Sehr geehrter Herr Denker,

ich wende mich hiermit entschieden gegen Ihre Verfügung vom 20.05.2022.

Natürlich kenne ich mich mit den geltenden Bauvorschriften soweit aus, als dass mir Versickerungsflächen sowie deren Bedeutung geläufig sind. Daher steht mein Wintergarten auch im Einklang mit diesen Vorgaben. Ihre Ermittlungen sind einfach unvollständig. Was Sie hierbei nämlich offenbar übersehen haben, ist, dass ich bereits vor über einem Jahr meine Westterrasse von 6 x 4 m entfernt und durch Rasenfläche ersetzt habe, sodass auf meinem Grundstück 24 m^2 Grundstücksfläche weniger versiegelt sind, als Sie in Ihrer Berechnung angegeben haben.

Da der neue Wintergarten eine Grundfläche von zutreffender Weise 20 m^2 hat, gehe ich davon aus, dass eine Überschreitung der maximal zulässigen Flächenversiegelung nicht vorliegen kann.

Die entsprechenden Nachweise einschließlich Bildmaterial sind diesem Schreiben beigefügt.

Ich bitte Sie hiermit höflichst, Ihre belastende Entscheidung zu revidieren.

Mit freundlichen Grüßen

Liebermann

[22] Landkreis Hildesheim
Der Landrat
Fachbereich Bauen
Bischof-Janßen-Str. 31
31134 Hildesheim

11.06.2022
Az.: B4567/22

An Herrn
Heinz-Rudolph Liebermann
Hallerstraße 44
31199 Diekholzen

Ihr Widerspruch gegen meine Verfügung vom 20.05.2022

Sehr geehrter Herr Liebermann,

[24] 1. Auf Ihren Widerspruch vom 29.05.2022 hebe ich meine Entscheidung auf.

2. Die Abrissverfügung vom 20.05.2022 wird zurückgenommen.

[25] 3. Die Entscheidung ergeht kostenfrei. Die zur zweckentsprechenden Rechtsverfolgung oder Rechtsverteidigung notwendigen Aufwendungen sind Ihnen zu erstatten.

BEGRÜNDUNG

[28] Ihr zulässiger Widerspruch ist auch begründet. Der Abrissverfügung erging rechtswidrig, sodass die Voraussetzungen für deren Rücknahme erfüllt sind.
Die Abrissverfügung vom 20.05.2022 ist rechtswidrig, sodass die Voraussetzungen zur Rücknahme gem. § 48 Abs. 1 S. 1 Verwaltungsverfahrensgesetz vorliegen.
Im Rahmen der weiteren Aufklärung des Sachverhaltes konnten wir bestätigen, dass der von Ihnen errichtete Wintergarten die zulässige Versiegelungsfläche nicht überschreitet. Die von uns zugrunde gelegten Zahlen beinhalteten nicht die entfernte Westterrasse von 24 m^2, die nun wieder als Versickerungsfläche wirkt.

Das Verwaltungsverfahren wurden nicht durch Sie verursacht, sodass die entstandenen Kosten somit vom Landkreis Hildesheim zu tragen sind. Gem. § 80 VwVfG haben Sie Anspruch auf Erstattung der zur zweckentsprechenden Rechtsverfolgung oder Rechtsverteidigung notwendigen Aufwendungen.

(Keine Rechtsbehelfsbelehrung[70])

---

[70] Hier ist eine RBB entbehrlich, obwohl § 73 Abs. 3 S. 1 VwGO eine solche grundsätzlich vorsieht. Bei stattgebenden Widerspruchsentscheidungen, welche die Beschwer des Ausgangsbescheides vollständig aufheben, ist eine solche Belehrung indes nicht erforderlich, vgl. BeckOK VwGO/Hüttenbrink VwGO § 73 Rn. 20.

Rechtlicher Hinweis:
Ich weise Sie abschließend darauf hin, dass Ihr Wintergarten als genehmigungspflichtiges Bauvorhaben einer Baugenehmigung bedarf. Ohne diese Genehmigung stellt Ihr Wintergarten unabhängig von den Versiegelungsflächen einen formell rechtswidrigen Bau dar. Die erforderliche Baugenehmigung kann direkt bei mir beantragt werden.

i. A.
Denker

Muster 17: Die beschädigte Mauer (Widerspruchsbescheid)

Landkreis Holzminden 09.03.2022

Fachbereich Planen und Stadtentwicklung
Bereich Bauordnung

1. Vermerk:

Baurechtswidriger Zustand, Mozartstr. 3, Bevern

Herr Klaus Jäger ist Eigentümer und Bewohner des Grundstücks und des Einfamilienhauses in der Mozartstraße 3, Gemeinde Bevern.
Als Begrenzung seines Grundstücks befindet sich zur Seite des Gehweges der Mozartstraße eine 1,80 m hohe Mauer, welche aus Ziegelsteinen besteht. Die Länge der Mauer beträgt 25 m.

Vor einer Woche wurde diese Mauer bei Bauarbeiten auf dem Gehweg von der ausführenden Baufirma beschädigt. Zu diesem Vorfall kam es durch die Unachtsamkeit eines Baggerfahrers, der bei einer Drehung des Fahrzeuges die Mauer übersah und mit der Schaufel des Baggers in die Mauer stieß. Dies hatte zur Folge, dass auf einer Länge von 5 m die Mauer stark beschädigt wurde. Einige der Steine wurden herausgerissen und fielen auf den Gehweg. Andere Steine haben sich gelöst und drohen demnächst ebenfalls auf den Gehweg/ Radweg hinabzustürzen.
Eine Ortsbesichtigung hat ergeben, dass sich diese Steine aus dem Mauerwerk lösen und im Falle des Herabstürzens unmittelbar die Benutzer des Gehweges verletzen bzw. ein gefährliches Hindernis auf dem Radweg darstellen können.

Mit Bescheid vom 04.02.2022 wurde Herr Jäger von unserem Bauamt aufgefordert, die beschädigte Mauer wieder in einen ordnungsgemäßen Zustand zu versetzen. Die Entscheidung stützte sich auf § 79 Abs. 1 S.1, S.2 Nr.1 NBauO.

Gegen diesen Bescheid erhob Herr Jäger am 10.02.2022 form- und fristgerecht Widerspruch. Herr Jäger begründet den Widerspruch mit dem Argument, dass er nicht der richtige Adressat der Verfügung sei. Das Mauerwerk sei beschädigt worden durch die Baufirma Berger GmbH.
Er sei für den Vorfall nicht verantwortlich. Da die Instandsetzung der Mauer ca. 1.200 € kosten werde, sei er nicht bereit, diese Arbeiten durchführen zu lassen. Die Behörde solle sich an die Baufirma Berger GmbH halten.

2. Herrn Wenzel mit der Bitte, die Widerspruchentscheidung zu fertigen.

i.A.

Möller

E.

[1,30] **Landkreis Holzminden**
Der Landrat
Fachbereich Planen und Stadtentwicklung
Bereich Bauordnung

Bürgermeister-Schaller-Straße 22
37603 Holzminden

Ihr Zeichen	**Ihre Nachricht**	**Mein Zeichen**	**Datum**
	10.02.2022	63 – 25 XX	10.03.2022

[31] 1. Mit Zustellungsurkunde

Herrn
Klaus Jäger
Mozartstraße 3
37639 Bevern

[4] **Ihr Widerspruch gegen den Bescheid des Landkreises Holzminden vom 10.02.2022**

Sehr geehrter Herr Jäger,

[24] Ihren Widerspruch gegen den Bescheid des Landkreises Holzminden vom 04.02.2022 weise ich zurück.

[25,13] Die Kosten des Widerspruchsverfahrens haben Sie zu tragen.

[28] **Begründung**:

Zu 1.

Sie sind Eigentümer und Bewohner des Hausgrundstücks Mozartstraße 3 in 37639 Bevern. Auf Ihrem Grundstück befindet sich zur Seite des Gehweges der Mozartstraße eine 1,80 m hohe Steinmauer. Diese Steinmauer wurde bei der Durchführung von Bauarbeiten von der Baufirma Berger GmbH beschädigt. Diese Beschädigung hatte zur Folge, dass einige Steine bereits aus dem Mauerwerk herausgefallen sind, andere Steine sich lösen und demnächst auf den Gehweg fallen können.

Mit Verfügung vom 04.02.2022 forderte Sie der Landkreis Holzminden auf, den ordnungsgemäßen Zustand des Mauerwerks wiederherzustellen. Mit Schreiben vom 10.02.2022 haben Sie gegen diese Verfügung Widerspruch erhoben.

Der Widerspruch ist zulässig, aber in der Sache nicht begründet.
Der Widerspruch ist unbegründet, da die Verfügung des Landkreises Holzminden rechtmäßig ist und Sie deshalb nicht in Ihren Rechten verletzt sind.
Gem. § 79 Abs. 1 S. 1 der Niedersächsischen Bauordnung (NBauO)[71] kann der Landkreis Holzminden als zuständige Behörde die Maßnahmen anordnen, die zur Herstellung oder Sicherung rechtmäßiger Zustände erforderlich sind, wenn bauliche Anlagen dem öffentlichen Baurecht widersprechen.
Gem. § 79 Abs. 1 S. 2 Nr. 1 NBauO kann die Ausführung erforderlicher Arbeiten verlangt werden.

Die auf Ihrem Grundstück befindliche Mauer stellt eine bauliche Anlage gem. § 2 Abs. 1 NBauO dar, weil es sich um eine mit dem Erdboden verbundene aus Bauprodukten hergestellte Anlage handelt.

Ein Widerspruch zum öffentlichen Baurecht liegt vor, da durch den Zustand der Mauer gegen Vorschriften der NBauO verstoßen wird.
Der jetzige Zustand des Mauerwerks widerspricht dem öffentlichen Baurecht, weil ein Verstoß gegen § 3 Abs. 1 S. 1 NBauO vorliegt. Danach müssen bauliche Anlagen so beschaffen sein, dass die öffentliche Sicherheit nicht gefährdet wird. Gem. § 3 Abs. 1 S. 2 NBauO dürfen insbesondere Leben und Gesundheit nicht bedroht werden. Dadurch, dass die Mauer auf einer Länge von 5 m stark beschädigt wurde, sind bereits einige Steine aus dem Mauerwerk herausgebrochen. Aufgrund einer durchgeführten Ortsbesichtigung ist abzusehen, dass sich in absehbarer Zeit weitere Steine aus der Mauer lösen und dann auf den Gehweg/Radweg herabfallen werden. Dadurch kann zumindest die Gesundheit der Gehwegbenutzer bzw. der Radfahrer bedroht werden.

§ 79 Abs. 1 S. 1 NBauO räumt der zuständigen Behörde hinsichtlich der Rechtsfolge Ermessen ein, welches der Landkreis Holzminden ordnungsgemäß gem. § 40 Verwaltungsverfahrensgesetz (VwVfG)[72] ausgeübt hat.
Der Landkreis Holzminden ist ausschließlich eingeschritten, um baurechtswidrige Zustände abzustellen, womit der Zweck der Ermächtigung beachtet wurde.

[71] In der Fassung der Bekanntmachung vom 23. Januar 2003 (BGBl. I S. 102), zuletzt geändert durch Artikel 8 des Gesetzes vom 22. September 2022 (Nds. GVBl. S. 578).

[72] in der Fassung der Bekanntmachung vom 23. Januar 2003 (BGBl. I, S. 102), zuletzt durch Artikel 24 Absatz 3 des Gesetzes vom 25. Juni 2021 (BGBl. I S. 2154) geändert.

Mit Ihnen wurde der richtige Adressat der Verfügung herangezogen, denn gem. § 79 Abs. 1 S. 3 NBauO hat die Behörde die Anordnungen an die Personen zu richten, die nach den §§ 52 bis 56 NBauO verantwortlich sind.
Gem. § 56 S. 1 NBauO sind Sie als Eigentümer der Mauer und des Grundstücks dafür verantwortlich, dass diese dem öffentlichen Baurecht entsprechen. Somit sind Sie entgegen Ihrer Ansicht der richtige Adressat der Verfügung und für den ordnungsgemäßen Zustand der Steinmauer verantwortlich.

Die Tatsache, dass das Mauerwerk von der Firma Berger GmbH beschädigt wurde, ist für Ihre baurechtliche Verantwortlichkeit daher nicht von Belang. Auf ein Verschulden Ihrerseits kommt es für die Verantwortlichkeit, einen baurechtswidrigen Zustand auf Ihrem Grundstück abzustellen, nicht an.
Die Aufforderung, die erforderlichen Maßnahmen durchzuführen, ist das einzige geeignete Mittel, da die mögliche Gefährdung der Gehwegbenutzer bzw. Radfahrer dadurch beseitigt wird. Eine Alternative steht nicht zur Verfügung, um die Gesundheit der Verkehrsteilnehmer zu schützen.

Bei der Entscheidung sind Ihre Interessen an der Nichtdurchführung der Maßnahme berücksichtigt worden. Die Maßnahme diente dazu, Gefahren für die Benutzer des Gehweges und des Radweges abzuwehren. Ihre Interessen müssen gegenüber den Interessen der Allgemeinheit zurücktreten, da der Schutz der Gesundheit der Gehwegbenutzer und Radfahrer höher zu bewerten ist als Ihre finanziellen Interessen an der Nichtdurchführung der Maßnahme.

[8] Zu 2.

Die Entscheidung beruht auf § 73 Abs. 3 S. 3 der Verwaltungsgerichtsordnung (VwGO)[73], §§ 1, 5, 12 und 13 Niedersächsisches Verwaltungskostengesetz (NVwKostG)[74] sowie § 1 Abs. 1 S. 1 der Baugebührenordnung (BauGO)[75] in Verbindung mit Nr. 11.6 der Anlage 1 (Gebührenverzeichnis).
Die Entscheidung über den Widerspruch ist eine Amtshandlung. Veranlasser hierfür und damit Kostenschuldner sind Sie.
Hierzu übersende ich Ihnen in Kürze einen gesonderten Kostenfestsetzungsbescheid.

---

[73] In der Fassung der Bekanntmachung vom 19. März 1991 (BGBl. I S. 686), zuletzt durch Artikel 3 des Gesetzes vom 20. Juli 2022 (BGBl. I S. 1325) geändert.

[74] in der Fassung vom 25. April 2007 (Nds. GVBl., S. 173), zuletzt geändert durch Artikel 11 des Gesetzes vom 15. Dezember 2016 (Nds. GVBl. S. 301).

[75] Verordnung für die Gebühren und Auslagen für Amtshandlungen der Bauaufsicht (BauGO) vom 13. Januar 1998 (Nds. GVBl., S.126), zuletzt geändert durch Verordnung vom 04.09.2014 (Nds. GVBl., S. 258)

[29,9] Rechtsbehelfsbelehrung

Gegen den Bescheid des Landkreises Holzminden in Gestalt dieses Widerspruchbescheides können Sie innerhalb eines Monats nach Zustellung dieses Widerspruchsbescheides Klage beim Verwaltungsgericht Hannover, Leonhardtstraße 15, 30175 Hannover erheben. Die Klage wäre gegen den Landkreis Holzminden zu erheben.

[4] Mit freundlichem Gruß
Im Auftrag

gez. Wenzel

2. Kostenfestsetzungsbescheid fertigen

[33] 3. Annahmeanordnung fertigen (falls Klage erhoben, Kasse benachrichtigen)

4. Wv.: 22.03.2022… (Eingang Zustellungsurkunde?)

i.A.

We

Muster 18: Die neuen Silos (zulässiger, aber unbegründeter Widerspruch; schriftlich bevollmächtigter RA und Heilung Anhörungsmangel)

Architektenbüro Vieth & Koll.
Kartoffelweg 2
49123 Soesteheim

Soesteheim, 02.04.2021

[10] An den
Landkreis Soesekreis
Viehstraße 17
49123 Soesteheim

Antrag auf Erteilung einer Baugenehmigung

Sehr geehrte Damen und Herren,

hiermit beantrage ich für meine Klientin, die Farmer's Finest GmbH aus Soesteheim, die Erteilung einer Baugenehmigung für zehn Silos zur Lagerung von Düngemitteln. Die Silos sollen jeweils eine Höhe von 5 m und einen Rauminhalt von 65 m^3 haben. Errichtet werden sollen die Silos auf dem Flurstück 234a, Flur 7, Gemarkung Huntewald. Grundeigentümer ist dabei der Landwirt Karl-Heinz Budde, mit dem die GmbH einen Pachtvertrag für eine Dauer von 25 Jahren abschließen will. Einen Teil der Silos wird Herr Budde dann auch für seine eigenen landwirtschaftlichen Zwecke nutzen dürfen. Diese Nutzung soll sich auf Oktober 2021 bis April 2022 erstrecken und insgesamt zwei Silos betreffen. Alle erforderlichen Angaben zum Bauvorhaben sowie den Entwurf des Pachtvertrags lege ich diesem Schreiben bei und hoffe auf eine wohlwollende Prüfung meines Antrags.

Mit freundlichen Grüßen

Vieth

Ingo Vieth
Architekt

Anlagen (alle erforderlichen Anlagen sind vollständig beigefügt, vom Abdruck wird abgesehen)

Landkreis Soestekreis
Der Landrat

[1] Landkreis Soestekreis, Viehstraße 17, 49123 Soesteheim

Amt 60 – Bauamt
Abteilung 60.1 – Baugenehmigungen
Sachbearbeiter: Herr Meier
Email: Meier@lksoe.de
Telefon: 04472/1214
Zimmer: 2.34

[3] Mit ZU
An das
[2] **Architektenbüro Vieth & Koll.**
Kartoffelweg 2
49123 Soesteheim

Ihr Zeichen: Mein Zeichen: BG123/21 Datum: 18.05.2021

[4] **Antrag auf Erteilung einer Baugenehmigung**
Ihr Schreiben vom 02.04.2021

[4,5] Sehr geehrter Herr Vieth,

1. Ihren Antrag auf Erteilung einer Baugenehmigung für die Errichtung von zehn Silos auf dem Flurstück 234a, Flur 7, Gemarkung Huntewald, lehne ich ab.

2. Die Farmer's Finest GmbH hat die Kosten des Verfahrens zu tragen.

[6] Begründung
Ihre Klientin hat keinen Anspruch auf Erteilung der beantragten Baugenehmigung, da in Ihrem Fall die Voraussetzungen der gesetzlichen Grundlage des § 70 Abs. 1 S. 1 der Niedersächsischen Bauordnung (NBauO)[76] nicht erfüllt sind.

Die von Ihnen geplante Baumaßnahme ist nicht mit dem öffentlichen Baurecht vereinbar. In Ihrem Fall ist ein vereinfachtes Baugenehmigungsverfahren nach § 63 NBauO durchzuführen. In diesem war gem. § 63 Abs. 1 S. 2 Nr. 1 die Vereinbarkeit Ihres Bauvorhabens mit dem städtebaulichen Planungsrecht zu überprüfen.

Diese Vereinbarkeit ist in Ihrem Fall nicht gegeben, da ein Verstoß gegen § 34 Abs. 1 des Baugesetzbuches (BauGB)[77] vorliegt.

---

[76] in der Fassung der Bekanntmachung vom 3. April 2012, Nds. Gesetz- und Verordnungsblatt 2012, S. 46, zuletzt geändert durch Artikel 8 des Gesetzes vom 22. September 2022 (Nds. GVBl. S. 578).

[77] in der Fassung der Bekanntmachung vom 23. September 2004, Bundesgesetzblatt I, S. 2414, zuletzt geändert durch Art. 11 G zur Änd. des EnergiesicherungsG und anderer energiewirtschaftlicher Vorschriften vom 8.10.2022 (BGBl. I S. 1726).

Diese Vorschrift ist vorliegend anwendbar, da das Flurstück 234a, Flur 7, Gemarkung Huntewald, im Außenbereich gelegen ist und ein Bebauungsplan nicht vorliegt. In der geplanten Bauweise fügen sich die zehn Silos jedoch nicht in die Eigenart der näheren Umgebung ein. Denn diese ist geprägt von einem Landschaftsbild, welches vor allem durch Wiesen und vereinzelte Waldflächen bestimmt wird. Zehn Silos mit einer Höhe von je fünf Metern würden dieses Landschaftsbild erkennbar stören.

[8] Die Kostenentscheidung stützt sich auf §§ 1, 3, 5, 13 des Niedersächsischen Verwaltungskostengesetzes (NVwKostG)[78] in Verbindung mit § 1 Abs. 1 Nr. 1, Abs. 2 S. 1 der Baugebührenordnung (BauGO)[79]. Sie haben Anlass zu diesem Verfahren gegeben und daher die Kosten zu tragen. Über die Höhe der Kosten ergeht ein gesonderter Kostenfestsetzungsbescheid.

[9] **Rechtsbehelfsbelehrung**

Gegen diesen Bescheid kann Ihre Klientin innerhalb eines Monats nach Zustellung des Bescheids Widerspruch bei mir erheben.

Mit freundlichen Grüßen
[4] Im Auftrage

Meier

Meier

[78] in der Fassung der Bekanntmachung vom 25. April 2007, Nds. Gesetz- und Verordnungsblatt 2007, S. 172, zuletzt geändert am 15. Dezember 2016, Nds. Gesetz- und Verordnungsblatt 2016, S. 301.

[79] in der Fassung der Bekanntmachung vom 13. Januar 1998, Nds. Gesetz- und Verordnungsblatt 1998, S. 3, zuletzt geändert durch Verordnung vom 4. September 2014, Nds. Gesetz- und Verordnungsblatt 2014, S. 258.

Rechtsanwalt Alexander Bold, Mag. rer. publ.
Herschelstr. 12
49123 Soesteheim

An den
Landkreis Soesteheim
Amt 60 – Bauamt
Viehstr. 17
49123 Soesteheim

Mein Zeichen: WSP167/21 Ihr Zeichen: BG123/21 Datum: 31.05.2021

Bauantrag der Fa. Farmer's Finest GmbH
Hier: Ihre Ablehnung vom 18.05.2021

Sehr geehrte Damen und Herren,

namens und im Auftrag meiner Mandantin erhebe ich

Widerspruch

gegen Ihre im Betreff genannte Entscheidung.

Begründung
Zunächst verweise ich auf die anliegende Vollmacht (Hinweis: Die Vollmacht liegt vor, vom Abdruck wird abgesehen.) und bitte entsprechend, jedwede weitere Korrespondenz direkt über mich zu führen.

Zur Sache:
Meine Mandantin, die Fa. Farmer's Finest GmbH, hat eindeutig einen Anspruch auf Erteilung der von ihr begehrten Baugenehmigung. Ihnen ist bei der rechtlichen Beurteilung der Angelegenheit offensichtlich ein Fehler unterlaufen. Zum einen ist für mich bereits sehr zweifelhaft, ob das Bauvorhaben meiner Mandantin überhaupt genehmigungspflichtig ist, sieht § 60 Abs. 1 NBauO doch für bestimmte Arten von Bauwerken die Befreiung von der Genehmigungspflicht vor. Ich bin der festen Überzeugung, dass die von meiner Mandantin geplante Errichtung der Silos unter die in dem Anhang genannten Bauvorhaben fällt.

Sollten Sie dagegen doch von einer Genehmigungspflicht ausgehen, so ist festzuhalten, dass im Falle meiner Mandantin alle gesetzlichen Voraussetzungen für die Erteilung einer Baugenehmigung vorliegen.
Denn entgegen Ihrer Ansicht fällt die geplante Errichtung der zehn Silos keinesfalls unter den Anwendungsbereich des § 34 BauGB. Denn dieser ist ausweislich des Wortlauts ganz eindeutig für solche Vorhaben vorgesehen, die sich im unbeplanten Innenbereich befin-

den. Wie Sie jedoch auch zutreffend erkannt haben, plant meine Mandantin, die Silos im unbeplanten Außenbereich zu errichten. Hierfür greift § 35 BauGB. Allein wegen dieses groben Fehlers in Ihrer Bearbeitung müssen Sie dem Widerspruch anstandshalber abhelfen!

Jedenfalls liegt eine Vereinbarkeit des Bauvorhabens meiner Mandantin mit § 35 BauGB vor, da es sich dabei ganz eindeutig um ein privilegiertes Vorhaben handelt, das gleichzeitig unter den Tatbestand von § 35 Abs. 1 Nr. 1 und Nr. 3 BauGB fällt. Denn wie aus dem Antrag samt Anlagen meiner Mandantin klar hervorgeht, soll der Eigentümer des zu bebauenden Grundstücks, der Landwirt Herr Budde, einen nicht unerheblichen Teil der Silos für seine landwirtschaftlichen Zwecke nutzen. Darüber hinaus ist die geplante Errichtung der Silos an den geplanten Ort gebunden, da der Mitarbeiter, der für den Betrieb rund um diese Silos vorgesehen ist, in der Gemeinde Hasetal wohnt. Da er aber leider keine Fahrerlaubnis hat und für seinen Arbeitsweg auf das Rad angewiesen ist, wäre es für ihn unzumutbar, die Silos zu betreiben, wenn sie an einem anderen Ort errichtet werden würden.

Sie sehen, es ist doch ziemlich eindeutig, dass Ihnen bei der Bearbeitung einige gravierende Fehler unterlaufen sind. Insofern bitte ich um baldige Abhilfe und antragsgemäße Erteilung der Baugenehmigung, damit meine Mandantschaft alsbald mit der geplanten Errichtung beginnen kann.

Mit freundlichen Grüßen

A. Bold

RA Alexander Bold, Mag. rer. publ.

Landkreis Soestekreis
Der Landrat

[1,30] Landkreis Soestekreis, Viehstraße 17, 49123 Soesteheim

Amt 60 – Bauamt
Abteilung 60.1 – Baugenehmigungen
Sachbearbeiter: Herr Meier
Email: Meier@lksoe.de
Telefon: 04472/1214
Zimmer: 2.34

[31] Gegen Empfangsbekenntnis
[23] Herrn
RA Alexander Bold
Herschelstr. 12
49123 Soesteheim

[4] Ihr Zeichen: WSP167/21 Mein Zeichen: BG123/21 Datum: 11.06.2021

[4] **Erteilung einer Baugenehmigung**
Ihr Widerspruch vom 31.05.2021

[5,25] Sehr geehrter Herr RA Bold,

1. Den von Ihnen für Ihre Mandantschaft erhobenen Widerspruch weise ich zurück.

2. Die Kosten des Verfahrens hat Ihre Mandantschaft zu tragen.

[28,31] Begründung
Mit Schreiben vom 02.04.2021 beantragte Ihre Mandantin, die Fa. Farmer's Finest GmbH, vertreten durch ihren Geschäftsführer Ingo Benßen, bei mir die Erteilung einer Baugenehmigung. Geplant war, die Errichtung von zehn Silos von je fünf Metern Höhe auf dem Flurstück 234a, Flur 7, Gemarkung Huntewald, dessen Eigentümer der Landwirt Budde ist. Ihre Mandantin plante, mit Herrn Budde einen Pachtvertrag für eine Laufzeit von 25 Jahren abzuschließen, der auch vorsehen sollte, dass Herr Budde zwei der zu errichtenden Silos in dem Zeitraum Oktober 2021 bis April 2022 für seine landwirtschaftlichen Zwecke nutzen darf.

Mit Schreiben vom 18.05.2021 lehnte ich die Erteilung der begehrten Baugenehmigung ab. Die Ablehnung stützte ich auf eine fehlende Vereinbarkeit des Bauvorhabens Ihrer Mandantin mit § 34 BauGB.

Mit Schreiben vom 31.05.2021 erhoben Sie für Ihre Mandantin fristgerecht gegen meine Entscheidung Widerspruch. In diesem äußerten Sie zum einen Zweifel an der grundsätzlichen Genehmigungspflichtigkeit des Bauvorhabens Ihrer Mandantin. Für den Fall einer solchen wiesen Sie darauf hin, dass die planungsrechtliche Zulässigkeit sich nicht nach § 34 BauGB, sondern nach § 35 BauGB richtet, dessen Voraussetzungen vorliegend erfüllt seien. Denn Ihre Mandantin plane ein privilegiertes Vorhaben nach § 35 Abs. 1 Nr. 1 bzw.

Nr. 3 BauGB, da die Silos landwirtschaftlich genutzt werden sollen und es sich um einen ortsgebundenen gewerblichen Betrieb handelt.

Der zulässige Widerspruch ist in der Sache nicht begründet.

Ihre Mandantin hat entgegen Ihrer Ansicht keinen Anspruch auf die Erteilung der begehrten Baugenehmigung.

Zum einen ist das Bauvorhaben Ihrer Mandantin nach § 59 Abs. 1 NBauO genehmigungspflichtig. Eine Ausnahme nach § 60 Abs. 1 NBauO liegt nicht vor, da das Vorhaben nicht unter die im Anhang zur NBauO aufgeführten Bauvorhaben fällt. Insbesondere nicht unter lfd. Nr. 5 des Anhangs, da hier weder Futtermittelbehälter (lfd. Nr. 5.2), noch andere Behälter mit einem Rauminhalt von nicht mehr als 50 m^3 (lfd. Nr. 5.6) geplant sind.

Entgegen Ihrer Ansicht liegen die Voraussetzungen für die Erteilung einer Baugenehmigung nach § 70 Abs. 1 S. 1 NBauO nicht vor. Wie ich schon in meiner Ausgangsentscheidung ausgeführt habe, ist das Vorhaben mit dem städtebaulichen Planungsrecht nicht vereinbar, was jedoch vorliegend gem. § 73 Abs. 1 S. 1, S. 2 Nr. 1 NBauO zwingende Voraussetzung ist.

Zwar haben Sie insoweit Recht, als dass Sie anmerken, dass sich die Zulässigkeit nach § 35 BauGB und nicht nach § 34 BauGB bestimmt. Diesen Fehler meinerseits bitte ich Sie und Ihre Mandantschaft zu entschuldigen.

Dennoch liegen auch die Voraussetzungen des § 35 BauGB im Falle Ihrer Mandantschaft nicht vor.
Das Vorhaben fällt nicht unter § 35 Abs. 1 Nr. 1 BauGB. Denn zwar ist es richtig, dass die geplante anteilige Nutzung durch den Landwirt Karl-Heinz Budde an sich unter den Anwendungsbereich dieser Vorschriften fallen würde. Damit ein Bauvorhaben in seiner Gesamtheit als eines angesehen werden kann, das unter § 35 Abs. 1 Nr. 1 BauGB fällt, muss die landwirtschaftliche Nutzung jedenfalls überwiegend sein. Ansonsten würde der Zweck dieser Vorschrift leicht umgangen werden können. Im Fall Ihrer Mandantschaft war vorgesehen, dass lediglich 20 % der Lagerkapazität für einen Zeitraum von nur sieben Monaten bei einer 25-jährigen Gesamtpachtzeit der landwirtschaftlichen Nutzung dienen sollen. Dieser Anteil entspricht keinesfalls einer überwiegenden landwirtschaftlichen Nutzung.

Ebenfalls fällt das Vorhaben nicht unter § 35 Abs. 1 Nr. 3 BauGB, da es sich dabei nicht um einen ortsgebundenen gewerblichen Betrieb handelt. Denn ein solcher liegt nur vor, wenn es örtliche – wie etwa geologische – Gegebenheiten gibt, die es zwingend erforderlich machen, die bauliche Anlage an diesem Ort zu errichten. Der Umstand, dass der von Ihrer Mandantschaft für den Betrieb der Silos vorgesehene Mitarbeiter seinen Wohnsitz in der Gemeinde Hasetal hat und dieser keine Fahrerlaubnis besitzt, fällt nicht unter diese Gegebenheiten.

Auch eine Zulässigkeit nach § 35 Abs. 2 BauGB liegt schließlich nicht vor. Denn diese ist abzulehnen, wenn durch das Bauvorhaben öffentliche Belange beeinträchtigt werden. Eine solche Beeinträchtigung liegt hier vor, da durch die Errichtung der Silos gem. § 35 Abs. 3 Nr. 5 BauGB das Landschaftsbild verunstaltet werden würde. Von einer solchen Verunstaltung ist nämlich auszugehen, wenn durch das Vorhaben der Gesamteindruck der Landschaft leicht erkennbar gestört wird. Das vorliegende Landschaftsbild ist geprägt durch große Wiesen und einzelne kleinere Waldflächen. Bebauung ist nicht vorhanden. Die Errichtung von zehn Silos mit einer Höhe von je fünf Metern würde erkennbar nicht in dieses Landschaftsbild hineinpassen und den Gesamteindruck der Landschaft damit erkennbar stören.

Die Kostenentscheidung beruht auf 1, 3, 5, 12 und 13 des Niedersächsischen Verwaltungskostengesetzes (NVwKostG)[80] in Verbindung mit § 1 Abs. 1 Nr. 1, Abs. 2 S. 1 der Baugebührenordnung (BauGO)[81] in Verbindung mit § 1 Abs. 1 und der lfd. Nr. 1.9.1.1 der Anlage zur Allgemeinen Gebührenordnung (AllGO)[82]. Über die Höhe der Kosten ergeht ein gesonderter Kostenfestsetzungsbescheid.

[29] **Rechtsbehelfsbelehrung**
Gegen meine Ablehnung vom 18.05.2021 können Sie binnen eines Monats nach Zustellung Klage beim Verwaltungsgericht Soesteheim, Leonhardtstr. 18, 30449 Soesteheim, erheben.

Mit freundlichen Grüßen
[4] Im Auftrage

Meier

Meier

[80] in der Fassung der Bekanntmachung vom 25. April 2007, Nds. Gesetz- und Verordnungsblatt 2007, S. 172, zuletzt geändert am 15. Dezember 2016, Nds. Gesetz- und Verordnungsblatt 2016, S. 301.

[81] in der Fassung der Bekanntmachung vom 13. Januar 1998, Nds. Gesetz- und Verordnungsblatt 1998, S. 3, zuletzt geändert durch Verordnung vom 4. September 2014, Nds. Gesetz- und Verordnungsblatt 2014, S. 258.

[82] in der Fassung der Bekanntmachung vom 5. Juni 1997, Nds. Gesetz- und Verordnungsblatt 1997, S. 171, zuletzt geändert durch Art. 1 ÄndVO vom 25.10.2022 (Nds. GVBl. S. 669, ber. 2022 S. 734).

Muster 18a: Der Nachbarwiderspruch (erledigter Widerspruch)

Marion Bergstätter

28857 Syke, den 6.2.2023
Finkenweg 4
0160 223 344 556 66

An den
Landkreis Diepholz
Hauptstraße 1
22335 Diepholz

Eingang: 7. Februar 2023

Nachbarwiderspruch

Sehr geehrte Damen und Herrn,

wie ich erfahren habe, soll auf dem noch unbebauten Nachbargrundstück ein Mehrfamilienhaus mit Ladenanteil (im Erdgeschoss) errichtet werden. Die in dieser Woche erfolgte Einsicht in die Genehmigungsunterlagen zeigt mir, dass doch ein sehr wuchtiger Baukörper errichtet werden soll. Im Hinblick auf die Gesamtlänge des geplanten Gebäudes erscheint mir ein Grenzabstand von gerade 3 m deutlich zu knapp bemessen zu sein. In erheblichem Maße würde mein Grundstück durch den Neubau verschattet werden. Auch bin ich skeptisch, ob die geplante Anzahl der Einstellplätze der tatsächlich zu erwartenden Nutzungsfrequenz entsprechen wird.

Ausdrücklich erhebe ich Widerspruch gegen die Frau Jutta Spielmacher, Bremer Straße 24, 28857 Syke erteilte Baugenehmigung, soweit der Baukörper zu dicht an die gemeinsame Grundstücksgrenze heranrückt.

Freundliche Grüße,
Marion Bergstätter

Wir sollten den Widerspruch zum Anlass nehmen, die Rechtmäßigkeit der Genehmigung insgesamt zu überprüfen. Habe gewisse Bedenken, ob alle planungsrechtlichen Vorgaben beachtet worden sind.
Herrn Müller z. w. V.

Soll. 9.2.

Diepholz, den 14.3.2023
AZ.:244/3/22

1. Vermerk

Jutta Spielmacher, Bremer Straße 24, 28857 Syke wurde am 10. Januar 2023 die Baugenehmigung zur Errichtung eines Wohn- und Geschäftshauses in 28857 Syke, Finkenweg 6 erteilt. Die Nachbarin, Frau M. Bergstätter, Finkenweg 4 legte form- und fristgerecht Widerspruch gegen die erteilte Baugenehmigung ein. Der Widerspruch ist auf die Grenzbebauung beschränkt worden.

Eine Überprüfung der Baugenehmigung ergab nun, dass diese leider fehlerhaft ist. Frau Spielmacher wurde ein Baukörper genehmigt, der eine Tiefe von 25,40 m aufweisen wird. Das Baugrundstück liegt im Bereich des rechtsverbindlichen Bebauungsplans Steinacker III. Der Bebauungsplan sieht für diesen Bereich die Festsetzung eines Allgemeines Wohngebiets vor (§ 3 BauNVO). In einem Allgemeinen Wohngebiet können nach § 3 Abs. 3 Nr. 1 BauNVO ausnahmsweise Läden zugelassen werden, die zur Deckung des täglichen Bedarfs für die Bewohner dienen. Von der Größe und dem geplanten Sortiment (Herrenbekleidung) her handelt es sich nicht um einen Laden im Sinne des § 3 Abs. 3 Nr. 1 BauNVO. Zudem ist die Baumassenzahl deutlich überschritten (um 15,25%). Durch eine Umplanung des geplanten Baukörpers können diese rechtlichen Probleme nicht ausgeräumt werden. Habe die gesamte Angelegenheit mit Frau Spielmacher besprochen und darauf hingewiesen, dass sie mit einer Rücknahme der vorhandenen Baugenehmigung rechnen müsse. Sie zeigte sich bestürzt, aber auch kooperationsbereit. Ihr Interesse ist es, gerade auch im Hinblick auf die steigenden Baupreise und voraussichtlich steigenden Zinsen, schnellstmöglich mit einem zulässigen Bauvorhaben beginnen zu können. Frau Spielmacher wird in Kürze mit ihrer Architektin zur Beratung das Bauamt aufsuchen. Ziel ist es, jetzt (lediglich) ein Mehrfamilienhaus zu errichten.

Kommt es zur Rücknahme der Baugenehmigung und wird dieser Rücknahme bestandskräftig, dann hat sich damit der Nachbarwiderspruch von Frau Bergstätter erledigt. Sie ist darüber entsprechend zu informieren.

2. Rücknahme der Baugenehmigung vom 10. Januar 2023
3. Vorbereitung der Einstellung des Widerspruchsverfahrens
4. Frau Sollmat z.K. und Entscheidung

15.3. *Müller*

einverstanden Soll.

[4] **Landkreis Diepholz**
Der Landrat

Hauptstraße 1 * 22335 Diepholz

Diepholz, den 18. April 2023

Auskunft erteilt: Herr Müller
Tel: 05441 207 333
Martin.Müller@DHLK.de
AZ.: 244/3/22

[35a] 1. Übergabe-Einschreiben
Marion Bergstätter **ab: 18.4.2023**
Finkenweg 4
28857 Syke

Nachbarwiderspruch vom 6. März 2023
Meine Eingangsbestätigung vom 10. März 2023

Guten Tag Frau Bergstätter,

[35b] das Widerspruchsverfahren wird eingestellt.
[35c] Kosten werden nicht erhoben.

[35d] **Begründung:**

Aufgrund Ihres Widerspruchs vom 6. März 2023 gegen die Frau Jutta Spielmacher, Bremer Straße 24, 28857 Syke, erteilte Baugenehmigung vom 10. Januar 2023 zur Errichtung eines Mehrfamilienhauses auf dem Grundstück Finkenweg 6, 28857 Syke, habe ich diese Baugenehmigung einer eingehenden rechtlichen Überprüfung unterzogen. Diese Überprüfung ergab, dass diese Baugenehmigung an Rechtsmängeln leidet. Ich habe daher die strittige Baugenehmigung mit Bescheid vom 16. März 2023 aufgehoben. Mit diesem Aufhebungsbescheid, der zwischenzeitlich unanfechtbar geworden ist, hat sich das eingeleitete Widerspruchsverfahren erledigt.

Freundliche Grüße
Im Auftrage

Mü. 17.4

2. Die Aufhebungsentscheidung wurde am 17. März 2023 mit ZU zugestellt.
Ein Rechtsbehelf wurde nicht eingelegt.
3. Wvl.: 10. Mai 2023 (Eingang?)

VI. PRÜFUNGSAKTEN

(s. hierzu Rdnr. 36 der Erläuterungen)

Muster 19: Der Krippenplatz (Zuweisung)

Eingangsdatum: *05.09.2022* Punkte:_____

– Stadt Ronnenberg – Kindergarten Benthe, Bergstraße 3, 30952 Ronnenberg –

ANMELDUNG

– bitte in der Einrichtung oder beim Team Bildung, Rathaus II, Hansastr. 38, 30952 Ronnenberg, abgeben –

Persönliche Angaben

Angaben zum Kind:

Meier *Kerstin* ☐ **männlich** ☑ **weiblich**

Nachname Vorname

Waldstraße 12

Straße

30952 Ronnenberg

Postleitzahl und Wohnort

16.10.2021 *Hannover*

Geburtsdatum Geburtsort

deutsch

Staatsangehörigkeit

Sprachkenntnisse: ☑ deutsch ☑ gut ☐ mittelmäßig ☐ kaum ☐ gar nicht

☐ andere, nämlich ______________

☐ Muttersprache ______________

Besondere Informationen zum Kind (z. B. Allergien, Beeinträchtigungen, Eingliederungshilfe nach SGB XII bzw. § 35 KJHG):

____

Angaben zu den Eltern / Personensorgeberechtigten:

☑ beide Elternteile sind erziehungsberechtigt

☐ Vater/Mutter (bitte entsprechend kennzeichnen) ist alleinerziehend

Frings *Meier*

Nachname der Mutter / Lebensgefährtin Nachname des Vaters / Lebensgefährten

Gudrun *Jürgen*

Vorname der Mutter / Lebensgefährtin Vorname des Vaters / Lebensgefährten

Waldtraße 12

Straße und Hausnummer

30952 Ronnenberg

Postleitzahl und Wohnort

05109/311510	*0511/1604312*
Telefon tagsüber	Telefon tagsüber
05109/74938	*0172/17563811*
Telefon privat	Mobiltelefon

Angaben zur gewünschten Betreuungsart

Für unser/mein Kind benötige/-n ich/wir folgende Betreuungszeiten
Sonderöffnungsdienst nur bei entsprechender Nachfrage

☐ Frühdienst von 07:00 Uhr bis 08:00 Uhr ☐ Zehnerkarte 1 Std.-Frühdienst
☐ Frühdienst von 07:30 Uhr bis 08:00 Uhr ☐ Zehnerkarte ½ Std.-Frühdienst

☐ **Betreuung von 08:00 bis 12:00**

☑ **red. Ganztagsbetreuung von 08:00 Uhr bis 14:00 Uhr (mit Mittagessen)**

☐ **Ganztagsbetreuung von 08:00 Uhr bis 16:00 (mit Mittagessen)**

Die Inanspruchnahme des Früh- und Spätdienstes ist gebührenpflichtig.

Wunschbetreuungszeit: von:____________ bis:__________
(wird nur bei entsprechender Nachfrage umgesetzt)

Mein/unser Kind soll vorrangig zum *01.11.2022* in die o. g. Kindertagesstätte aufgenommen werden.

Sollte die Aufnahme in die gewünschte Einrichtung nicht möglich sein, wünsche ich die Aufnahme in eine der folgenden Kindertagesstätten:

1. *Krippe an der Halde*
   Bezeichnung der Kindertagesstätte

2. *Krippe Stadtpiraten*
   Bezeichnung der Kindertagesstätte

Nach §§ 61 ff. SGB VIII ist die Stadt Ronnenberg berechtigt, Auskunft über Namen, Anschriften sowie das Geburtsdatum der angemeldeten Kinder an örtliche Träger und Gemeinden zu erteilen/veranlagen. Um zu vermeiden, dass Gesichtspunkte bei der Entscheidung über die Aufnahme Ihres Kindes nach dem Punktevergabesystem der Stadt Ronnenberg unberücksichtigt bleiben, werden Sie gebeten, die nachfolgenden Fragen vollständig zu beantworten. Ihre Angaben sind jedoch freiwillig.

Sollten Sie während des Aufnahmeverfahrens Ihre persönlichen Daten ändern, sind Sie verpflichtet, diese mitzuteilen, damit die Änderungen entsprechend berücksichtigt werden können.

Angaben zur ☐ Tagesmutter oder ☐ anderer Betreuungsperson:

----- ______________________ Nachname

----- ______________________ Vorname

----- ______________________ Straße und Hausnummer

----- ______________________ Postleitzahl und Wohnort

----- ______________________ Telefon privat

----- ______________________ Mobiltelefon

GILT NUR FÜR ALLEINERZIEHENDE:

____

Name der/des Alleinerziehenden

1. Sind Sie in Ausbildung?

☐ ja (Anlage vom Arbeitgeber ausfüllen lassen) ☐ nein

1.1 Befinden Sie sich zurzeit in Elternzeit?

☐ ja, bis __________ (Anlage vom Arbeitgeber ausfüllen lassen) ☐ nein

1.2 Sind Sie berufstätig?

☐ ja (Anlage vom Arbeitgeber ausfüllen lassen) ☐ nein

☐ 1 Werktag	☐ ganztags
☐ 2 Werktage	☐ vormittags
☐ 3 Werktage	☐ nachmittags
☐ 4 Werktage	☐ Schichtdienst
☐ 5 Werktage	☐ Wochenenddienst

1.3 Beabsichtigen Sie eine Berufsaufnahme?

☐ ja, ab ______________________ ☐ nein

1.4 Sind Sie bei der Agentur für Arbeit oder der Arbeitsgemeinschaft (Job Center) als arbeitssuchend gemeldet?

☐ ja ☐ nein

1.5 Liegt eine verbindliche Zusage des Arbeitgebers vor?

☐ ja (Anlage vom Arbeitgeber ausfüllen lassen) ☐ nein

Bitte weiter bei Nr. 3

Angaben zur Mutter/Lebensgefährtin:

2. Sind Sie in Ausbildung?

☐ ja (Anlage vom Arbeitgeber ausfüllen lassen) ☑ nein

2.1 Befinden Sie sich zurzeit in Elternzeit?

☐ ja, bis __________ (Anlage vom Arbeitgeber ausfüllen lassen) ☑ nein

2.2 Sind Sie berufstätig?

☑ ja (Anlage vom Arbeitgeber ausfüllen lassen) ☐ nein

2.3 Beabsichtigen Sie eine Berufsaufnahme?

☐ ja, ab ---------- --- ---------- ☐ nein

2.4 Sind Sie bei der Agentur für Arbeit oder der Arbeitsgemeinschaft (Job Center) als arbeitssuchend gemeldet?

☐ ja ☑ nein

2.5 Liegt eine verbindliche Zusage des Arbeitgebers vor?

☐ ja (Anlage vom Arbeitgeber ausfüllen lassen) ☐ nein

Angaben zum Vater/Lebensgefährten:

2.6 Sind Sie in Ausbildung?

☐ ja (Anlage vom Arbeitgeber ausfüllen lassen) ☑ nein

2.7 Befinden Sie sich zurzeit in Elternzeit?

☐ ja, bis ____________ (Anlage vom Arbeitgeber ausfüllen lassen) ☑ nein

2.8 Sind Sie berufstätig?

☑ ja (Anlage vom Arbeitgeber ausfüllen lassen) ☐ nein

2.9 Beabsichtigen Sie eine Berufsaufnahme?

☐ ja, ab ---------- ☐ nein

2.10 Sind Sie bei der Agentur für Arbeit oder der Arbeitsgemeinschaft (Job Center) als arbeitssuchend gemeldet?

☐ ja ☑ nein

2.11 Liegt eine verbindliche Zusage des Arbeitgebers vor?

☐ ja (Anlage vom Arbeitgeber ausfüllen lassen) ☐ nein

3. Wie viele Kinder leben in Ihrem Haushalt?

_1_ Kind(er) Alter _1_ ☐ keine

3.1 Das/Die Geschwisterkind/er besucht/ besuchen

☐ die Krippe: ____________

☐ den Kindergarten: ____________

☐ den Hort: ____________

☐ wird derzeit von den Eltern/Tagesmutter, ____________ betreut

☐ sonstiges: ____________

4. **Sind Sie im laufenden Kalenderjahr mit Hauptwohnsitz zugezogen?**

☐ ja, am ______________________ ☑ nein

5. **Benötigt Ihr Kind ein besonderes Betreuungsangebot in der Kindertagesstätte,** weil es aus sozialen Gesichtspunkten unbedingt erforderlich ist, z. B. kaum Kontakt zu anderen Kindern, Sprachschwierigkeiten, Notlage, Kindeswohlgefährdung entsprechend § 16 II SGB II?

☐ ja, weil ______________________ ☑ nein

6. **Gibt es in Ihrem Haushalt einen dauerhaften Pflegefall?**

☐ ja, genaue Angaben, ggf. entsprechende Nachweise: ____________

☑ nein

7. **Gibt es sonstige Gründe, die den Kindergarten dringend erfordern?**

☐ ja, welche? *Berufstätigkeit der Kindeseltern. Keine Großeltern in Wohnortnähe*

☐ nein

Wir/Ich versichern/versichere hiermit, dass unsere/meine Angaben vollständig sind und der Wahrheit entsprechen.

03.09.2022	*G. Frings*
Datum	Unterschrift
03.09.2022	*J. Meier*
Datum	Unterschrift

Team Bildung und Jugend
2.1.1.2

Ronnenberg, 16.09.22

1. Vermerk:

Platzvergabe an Meier, Kerstin, geb. 16.10.2021, wohnhaft Waldstr. 12, 30952 Ronnenberg

Die Eltern des o. g. Kindes haben mit Antrag vom 03.09.2022 einen Krippenplatz für die Zeit von 08:00 – 14:00 Uhr im Stadtteil Benthe für ihre Tochter beantragt. Im Folgenden wird geprüft, ob entsprechend des Antrages ein Krippenplatz zugewiesen werden kann.

Gemäß § 1 Abs. 2 Nr. 2 der Satzung über die Benutzung der Kindertageseinrichtungen der Stadt Ronnenberg werden Kinder, die den sechsten Lebensmonat vollendet haben, bis zur Einschulung in einer Kindertagesstätte betreut. Das Kind Kerstin Meier wird im Oktober 2022 ein Jahr alt und erfüllt demnach die Zugangsvoraussetzung für einen Krippenplatz bei der Stadt Ronnenberg.

Es wurde eine Betreuung für den Zeitraum von 08:00 – 14:00 Uhr beantragt. In dem gewünschten Kindergarten Benthe gibt es eine altersübergreifende Gruppe (also Krippen- und Kindergartenkinder) sowie eine reine Kindergartengruppe, die beide eine Betreuungszeit von 08:00 –14:00 Uhr abdecken, sodass die gewünschte Betreuungszeit insoweit gewährleistet werden kann.

Die Aufnahme eines Kindes in eine städtische Kindertageseinrichtung erfolgt gemäß § 4 der Ronnenberger Benutzungssatzung jeweils zum 01. oder zum 16. eines jeden Monats. Hier wurde von den Eltern der 01.11. als Beginn für die Betreuung gewünscht, sodass dieses ebenfalls entsprechend der Satzung zugesagt werden kann.

Des Weiteren ist zu prüfen, ob in der gewünschten Kindertagesstätteneinrichtung im Stadtteil Benthe ein Betreuungsplatz frei ist. Entsprechend der Aufnahmegrundsätze für die Kindertageseinrichtungen der Stadt Ronnenberg (Beschluss des Rates vom 15.12.2014) ist entsprechend des vorgegebenen Punkteschemas zu bewerten, wie viele Punkte das Kind Kerstin Meier nach diesen Maßstäben bekommt, um die Rangfolge der Anmeldungen für die Platzvergabe festzulegen, sollte sich herausstellen, dass es mehr Anmeldungen gibt als freie Plätze zur Verfügung stehen.

Die Eltern des Kindes sind nach den vorliegenden Unterlagen beide berufstätig (6 Punkte) und Kerstin Meier ist ein Einzelkind (1 Punkt), sodass auf das Kind insgesamt 7 Punkte entfallen.

Nach Abgleich der vorliegenden Anmeldungen für den Kindergarten (zehn, davon sechs zum 01.08.22 und vier zu einem späteren Zeitpunkt des Kindergartenjahres) und den frei werdenden Plätzen (acht Plätze zum 01.08.22) kann der gewünschte Betreuungsplatz zur Verfügung gestellt werden.

Es wird daher vorgeschlagen, an das Kind Kerstin einen Kindergartenplatz im Kindergarten Benthe für die Betreuungszeit von 08:00 – 14:00 Uhr zu vergeben.

Potter

(Potter)

2. Fachdienstleiter Dumble mit der Bitte um Zustimmung

3. 2.1.1.4 zur Kenntnis und mit der Bitte, den Eingang der für die Einkommensermittlung erforderlichen Unterlagen zu verfolgen und zu gegebener Zeit die Gebührenveranlagung vorzunehmen

4. Kopie an KiTa Benthe zur Kenntnis

5. 2.1.1.2 zum Vorgang

Stadt Ronnenberg

Der Bürgermeister
Hansastr. 38
30952 Ronnenberg

-E-

1. Frau Frings
Herrn Meier
Waldstr. 12
30952 Ronnenberg

H. Potter
0511/4600-247
0511/4600-11247
h.potter@ronnenberg.de

2.1.1.2 20.09.2022

Aufnahme Ihres Kindes in die städtische Kindertageseinrichtung Benthe
Platzvergabe für Kerstin Meier, geb. 16.10.2021

Sehr geehrte Eltern,

aufgrund der mir vorliegenden Anmeldung nehme ich Ihr Kind Kerstin, geb. am 16.10.2021, ab dem 01.11.2022 in die städtische Kindertageseinrichtung Benthe (Betreuungszeit von 08:00 – 14:00 Uhr) auf.

Bitte senden Sie die **Rückantwort** (Annahme des Kindergartenplatzes) ausgefüllt **bis spätestens zum 15.10.2022** an mich zurück.

Sollte ich bis zum o. g. Termin keine Rückmeldung von Ihnen erhalten haben, gehe ich davon aus, dass Sie kein weiteres Interesse an einer Betreuung in einer städtischen Kindertageseinrichtung der Stadt Ronnenberg haben. Diesen angebotenen Platz werde ich dann anderweitig vergeben.

Setzen Sie sich umgehend, spätestens jedoch bis zum 15.10.2022, mit der Einrichtung in Verbindung, um die weiteren Voraussetzungen für einen reibungslosen Start Ihres Kindes für die Zeit in der Kindertageseinrichtung mit der Leitung bzw. der Stellvertreterin abzustimmen.

Bitte reichen Sie die für die Gebührenberechnung erforderlichen Unterlagen (Nachweise über das Einkommen der Haushaltsmitglieder) bis zum 30.10.2022 an das Team Bildung, Rathaus 2, Hansastr. 38, 30952 Ronnenberg-Empelde ein. Falls die notwendigen Unterlagen mir bis zum v. g. Zeitpunkt nicht vorliegen sollten, wird für die Betreuung Ihres Kindes die Regelgebühr – Höchstbetrag – (Einkommensgruppe I gem. § 4 Absatz 3 der Satzung über die Erhebung von Gebühren für die Benutzung der Kindertageseinrichtungen der Stadt Ronnenberg) erhoben. Als Anlage übersende ich Ihnen zudem die Gebührensatzung sowie den Fragebogen zur Ermittlung Ihrer wirtschaftlichen Verhältnisse.

Ich hoffe, dass sich Ihr Kind in der Krippen- und Kindergartengemeinschaft wohlfühlt.

Für Rückfragen in dieser Angelegenheit stehe ich Ihnen unter der u. g. Telefonnummer gern zur Verfügung.

Mit freundlichen Grüßen
Im Auftrage

Potter

Anlagen:

Rückantwort Annahme des Krippenplatzes
Wirtschaftlicher Fragebogen
Gebührensatzung

2. FDL 2.1 vor Abgang zur Kenntnis

3. Kopie an 2.1.1.4 bezüglich der Gebührenveranlagung

4. Wv. am 16.10.22 (Eingang Platzannahme)

Rückantwort:
Gudrun Frings
Jürgen Meier
Waldstr. 12
30952 Ronnenberg

Stadt Ronnenberg
Team Bildung
Hansastr. 38
30952 Ronnenberg

Annahme des Krippenplatzes

Hiermit nehmen wir den uns von der Stadt Ronnenberg – Team Bildung – angebotenen Betreuungsplatz für unser Kind Kerstin ab dem 01.11.2022 für die Betreuungszeit von 08:00 – 14:00 Uhr an.

Die für die Gebührenberechnung erforderlichen Unterlagen werde ich umgehen – spätestens jedoch **bis zum 30.10.2022** – beim Team Bildung einreichen. Sollten die für die Einkommensermittlung erforderlichen Unterlagen nicht oder nicht vollständig bis zu o. g. Datum bei der Stadt Ronnenberg vorliegen, ist uns bekannt, dass wir gemäß § 4 Abs. 3 der Satzung über die Erhebung von Gebühren für die Benutzung der Kindertageseinrichtungen der Stadt Ronnenberg in die Einkommensgruppe 1 (höchster Beitragssatz) eingeordnet werden.

________________________ ________________________

Unterschrift der Eltern

Muster 20: Der Straßenbaubeitrag (Beitragsbescheid)

Stadt Ronnenberg
Team 601

Ronnenberg, den 14.10.2022

Vermerk:

Erneuerung der Straßenbeleuchtung in der Straße Lange Reihe, Stadtteil Ronnenberg, Abschnitt B

Die Erneuerung der Straßenbeleuchtung im o. g. Abschnitt der Straße Lange Reihe wurde zum 30.09.22 fertig gestellt. Die bisherigen 30 Jahre alten Beleuchtungskörper wurden abgebaut und durch neue LED-Leuchtmittel ersetzt. Die Aufwendungen für die neue Beleuchtungsanlage belaufen sich auf 38.786,58 €.

Die Nutzfläche der durch die Maßnahme bevorteilten Grundstücke beträgt 64.372 m^2. Die Eigentümer des Straßenabschnitts können beiliegendem Grundbuchauszug entnommen werden.

Lupin

2. Team 202 zur Beitragsveranlagung der Eigentümer Lange Reihe, Abschnitt B

Anlage: Grundbuchauszug, Rechnung Erneuerung der Straßenbeleuchtung

---

Grundbuchauszug Lange Reihe 112

Grundbuchblattnummer 25662
Flurstücksbezeichnung 13-95-758-16-12

Eigentümer	**Eigentumsanteil**
Meier	250 m^2
Müller	350 m^2
Schulze	200 m^2
Schmidt	300 m^2

Stadt Ronnenberg
Team 202

Ronnenberg, den 17.10.2022

Vermerk:

Beitragsveranlagung der Hauseigentümer Lange Reihe 112, Stadtteil Ronnenberg

Nach dem geltenden Straßenausbaubeitragsrecht sind die Kosten für Umbau und Verbesserungsmaßnahmen innerhalb des bebauten Gemeindegebietes an vorhandenen Straßen nicht allein von den Gemeinden, sondern in erster Linie von den Grundstückseigentümern zu finanzieren, die von der Maßnahme profitieren.

Im Stadtteil Ronnenberg wurde die Beleuchtung in der Straße Lange Reihe erneuert. Die Maßnahme wurde laut Vermerk von Team 601 zum 30.09.2022 fertiggestellt. Die angefallenen Kosten für die Erneuerung können nach Maßgabe der Satzung über die Erhebung von Beiträgen nach § 6 des Niedersächsischen Kommunalabgabengesetzes (NKAG) für straßenbauliche Maßnahmen der Stadt Ronnenberg (Straßenausbaubeitragssatzung) anteilig auf die betroffenen Anlieger umgelegt werden (§ 1 Abs. 1 der Satzung).

Der Umfang des beitragsfähigen Aufwandes bemisst sich nach § 2 und 3 der Satzung. Danach sind die tatsächlich angefallenen Kosten für die Erneuerung von Beleuchtungsanlagen beitragsfähig. Zu beachten ist, dass die Kosten für die Erneuerung entsprechend des Grundsatzes der Erforderlichkeit nur beitragsfähig sind, wenn die Nutzungsdauer der bestehenden Anlage abgelaufen war. Die bisherige Beleuchtungsanlage war bereits 30 Jahre alt, zudem wurde durch die Umstellung auf LED-Leuchten eine wesentliche Verbesserung der Leuchtkraft und der Energieeffizienz hergestellt. Die Erforderlichkeit für die Beitragsheranziehung ist insoweit gegeben.

Für die Vorteilsbemessung der Anlieger ist zu prüfen, um welche Art Straße es sich handelt, um den Anteil der öffentlichen Interessenquote im Sinne des § 4 der Ronnenberger Straßenausbaubeitragssatzung festzustellen. Bei der Langen Reihe handelt es sich um eine innerstädtische Ortsdurchgangsstraße, sodass gemäß § 4 Abs. 2 S. 2 b der Satzung der Anteil der Beitragspflichtigen am Gesamtaufwand 40% beträgt.

Der Aufwand für die Maßnahme beträgt laut Mitteilung des Bauamtes 38.786,58 €. Der beitragsfähige Aufwand beträgt mithin 15.514,63 € (38.786,58 € x 0,4).

Die Nutzfläche der durch die Maßnahme bevorteilten Grundstücke beträgt laut Vermerk des Bauamtes vom 14.10.2022 64.372 m^2, sodass sich ein Beitragssatz in Höhe von 0,241 €/m^2 ergibt (15.514,63 € : 64.372 m^2).

Dieser Aufwand wird entsprechend § 6 Abs. 3 der Straßenausbaubeitragssatzung entsprechend der Grundstücksfläche und einem Nutzungsfaktor auf die Anlieger verteilt. In der Straße Lange Reihe ist eine dreigeschossige Bebaubarkeit gegeben, so dass der Nutzungsfaktor hier 1,5 beträgt. Bezüglich der Hauseigentümer Lange Reihe 112 bedeutet dies folgenden Heranziehungsbeitrag:

Eigentümer	Eigentumsanteil	Grundstücksfläche x Nutzungsfaktor	Beitrag
Meier	250 m^2	375	90,38 €
Müller	350 m^2	525	126,53 €
Schulze	200 m^2	300	72,30 €
Schmidt	300 m^2	450	108,45 €

Die Beitragspflicht ist gemäß § 9 der Satzung mit Beendigung der beitragsfähigen Maßnahme entstanden und per Bescheid gemäß § 10 der Satzung festzusetzen. Die erhobenen Beiträge werden gemäß § 13 der Satzung einen Monat nach Bekanntgabe des Bescheides fällig.

Granger

2. FD Horn zur Kenntnis

Stadt Ronnenberg

Der Bürgermeister
Hansastr. 38
30952 Ronnenberg

-E-

1. Herrn
S. Meier
Lange Reihe 112
30952 Ronnenberg

Fr. Granger
0511/4600-3711
0511/4600-113711
h.granger@ronnenberg.de

2.0.2 17.10.2022

Bescheid über das Heranziehen zu Straßenausbaubeiträgen

Sehr geehrter Herr Meier,

mit diesem Bescheid werden die Straßenausbaubeiträge für die nachfolgende Baumaßnahme festgesetzt:

Öffentliche Einrichtung	Lange Reihe
Ausgebaute Teileinrichtung	Beleuchtung (hier die Masten und Leuchtenköpfe als selbständiger Bestandteil)
Zeitpunkt der Entstehung der Beitragspflicht	30.09.2022 (Fertigstellung der Maßnahme im Teilabschnitt)
Lage Ihres Grundstücks	Lange Reihe 112
Grundbuchblattnummer	25662
Flurstückbezeichnung	13-95-758-16-112
Ihr Miteigentumsanteil beträgt	250 m^2

Bitte überweisen Sie den Betrag in Höhe **von 90,38 €** unter Angabe des **Kassenzeichen 01.259.689.542 bis zum 15.12.2022** auf eines der unten aufgeführten Konten der Stadt Ronnenberg.

Begründung:
Die Stadt Ronnenberg erhebt für die Herstellung, Erweiterung, Erneuerung oder Verbesserung ihrer Straßen, Wege und Plätze (öffentliche Einrichtungen) Straßenausbaubeiträge. Die dabei anfallenden Kosten sind anteilig von den Anliegern zu tragen.

Rechtsgrundlage sind das Niedersächsische Kommunalabgabengesetz (NKAG) und die Satzung der Stadt Ronnenberg über die Erhebung von Beiträgen nach § 6 des NKAG für straßenbauliche Maßnahmen vom 13.06.1988 in der zurzeit gültigen Fassung.
Die Straße Lange Reihe ist eine öffentliche Einrichtung der Stadt Ronnenberg, welche im September 2022 in der Teileinrichtung Beleuchtung (hier die Masten und Leuchtenköpfe als selbständiger Bestandteil) ausgebaut wurden. Diese Ausbaumaßnahme erfüllt beitragsrechtlich den Tatbestand der Erneuerung und ist daher beitragsfähig.

Der Beitragspflicht unterliegen grundsätzlich alle Grundstücke, die von der Ausbaumaßnahme dadurch bevorteilt sind, dass von diesen ein fußläufiger Zugang oder eine Zufahrt zu der öffentlichen Einrichtung angelegt werden kann. Ihr Grundstück ist im beitragsrechtlichen Sinne von der Ausbaumaßnahme bevorteilt und unterliegt somit der Beitragspflicht. Als (Mit-)Eigentümer des Grundstücks Lange Reihe 112 sind Sie Beitragspflichtiger im Sinne der Satzung der Stadt Ronnenberg.

Der Beitragssatz pro m^2 Nutzfläche beträgt 0,241 €/m^2. Die Beitragsfläche Ihres Grundstücks bemisst sich nach der Grundstücksfläche und einem Nutzungsfaktor, der sich satzungsgemäß nach der Geschossflächenzahl orientiert. Bei Ihnen beträgt der Nutzungsfaktor aufgrund der dreigeschossigen Bauweise 1,5, sodass sich folgende Berechnung für die Beitragsbemessung ergibt:

Eigentümer	Eigentumsanteil	Grundstücksfläche x Nutzungsfaktor	Beitrag
Meier	250 m^2	375	90,38 €

Für Rückfragen stehe ich Ihnen gerne unter o. g. Telefonnummer zur Verfügung.

Mit freundlichem Gruß
Granger

2. Annahme-Anordnung über 90,38 € fertigen
3. zum Vorgang

Bewertungsbogen für die Prüfungsleistung der berufspraktischen Studienzeit II (§ 6 PraxisO)

Name, Vorname ______________________________
Lehrgangsnummer ______________________________
Ausbildungsbehörde ______________________________

I. Erstbewerter/in

I.1. Prüfungsakte

(Hierfür sind 05 vom Hundert der Prüfungsleistung erreichbar, wenn die Prüfungsakte den inhaltlichen und formalen Anforderungen des § 6 Abs. 1 und 2 PraxisO entspricht)

☐ bestanden ☐ nicht bestanden

Wenn nicht bestanden, bitte Mängel aufzeigen (bei Bedarf bitte Zusatzblatt verwenden):

____
____
____

I.2. Gutachten

(Hierfür sind 35 vom Hundert der Prüfungsleistung erreichbar, wenn das Gutachten nach den an der Hochschule gelehrten Regeln der rechtswissenschaftlichen Methodenlehre erstellt worden, inhaltlich fundiert und ein abschließender Entscheidungsvorschlag vorhanden ist.)

☐ bestanden ☐ nicht bestanden

Wenn nicht bestanden, bitte Mängel aufzeigen (bei Bedarf bitte Zusatzblatt verwenden):

____
____
____

I.3. Bescheidentwurf

(Hierfür sind 60 vom Hundert der Prüfungsleistung erreichbar, wenn der Bescheidentwurf inhaltlich und formal den an der Hochschule gelehrten Regeln der Bescheidtechnik entspricht.

☐ bestanden ☐ nicht bestanden

Wenn nicht bestanden, bitte Mängel aufzeigen (bei Bedarf bitte Zusatzblatt verwenden):

____

____

____

II. Prüfungsbewertung Erstbewerter/-in (§§13 und 16 SPO-BA)

☐ Die Prüfung ist bestanden.
☐ Die Prüfung ist nicht bestanden.

____

Datum, Unterschrift Erstbewerter/in

III. Prüfungsbewertung Zweitbewerter/-in (§§13 und 16 SPO-BA)

☐ Die Prüfung ist bestanden.
☐ Die Prüfung ist nicht bestanden.

____

Datum, Unterschrift Erstbewerter/in

III. Modulbewertung § 16 Abs. 2 S. 6 SPO-BA

bestanden ☐
nicht bestanden ☐

____

Unterschrift

VII. ELEKTRONISCHE KOMMUNIKATION – EIN ÜBERBLICK[83] –

Die Verwaltung hat sich schon immer der technischen Mittel und Möglichkeiten ihrer Zeit bedient.[84] Die Digitalisierung des gesellschaftlichen und wirtschaftlichen Lebens führt auch bei den Verwaltungen dazu, sich in zunehmendem Maße diesen neuen Medien zu öffnen. Neben der Schaffung der technischen Voraussetzungen ist der Gesetzgeber zunehmend aktiv geworden. Die Entwicklung des E-Government befindet sich aktuell im **Übergang vom Leitbild** der **Verwaltungsreform zur Vergesetzlichung**.[85] Zu nennen sind hierbei u. a. das E-Government Gesetz des Bundes[86], entsprechende Landesgesetze[87] und das Onlinezugangsgesetz[88]. Aber auch das Verwaltungsverfahrensgesetz (siehe nur die §§ 3a, 35a und 41 Abs. 2a) und das Verwaltungszustellungsrecht (§§ 2, 5 und 5a) ist in den vergangenen Jahren aufgerüstet worden. Zu nennen sind zudem das De-Mail-Gesetz und das Vertrauensdienstegesetz (VDG)[89]. Gerade die Möglichkeit, Verwaltungsverfahren vollautomatisch abzuwickeln, wird zu deutlichen Veränderungen der Verwaltungsverfahren, aber auch der Verwaltungskultur führen.

Stand in der Vergangenheit das Prinzip der Freiwilligkeit – bei der Nutzung neuer Medien – bei allen Beteiligten im Vordergrund, so werden jetzt zunehmend die rechtlichen Grundlagen geschaffen, damit Bürger elektronisch mit der Verwaltung kommunizieren können. So sieht beispielsweise das Onlinezugangsgesetz vor, dass Bund, Länder und die Kommunen bis 2022 viele Verwaltungsleistungen in Deutschland über Verwaltungsportale auch digital anbieten sollen und diese Portale zu einem Verbund verknüpfen (§ 1 Abs. 1 OZG).

---

[83] Eingehend zu den rechtlichen Rahmenbedingungen der Digitalisierung der Verwaltung siehe Übersicht bei Suckow/Weidemann/Barthel, Allgemeines Verwaltungsrecht und Verwaltungsrechtsschutz, 17. Aufl., Rdnr. 72 bis 72o

[84] Maurer/Waldhoff, Allgemeines Verwaltungsrecht, 19. Aufl., § 18 Rdnr. 1

[85] ebenda

[86] vom 25.07.2013 (BGBl. I, S. 2749), zuletzt geändert durch Gesetz vom 21.07.2021 (BGBl. I, S. 2941)

[87] z. B.: E-Government-Gesetz NRW ; Sächs. E-Government-Gesetz; **Nds. Gesetz über die digitale Verwaltung und Informationssicherheit (NDIG)** vom 24.10.2019 (Nds. GVBl. S. 291)

[88] vom 14.8.2017 (BGBl. I, S. 3122, 3138), zuletzt geändert durch Gesetz vom 28.6.2021 (BGBl. I, S. 2250)

[89] vom 18. Juli 2017 (BGBl. I, S. 2745)

Landesrechtliche Vorschriften ergänzen mitunter diese Vorschriften mit einer eigenständigen Verpflichtung gegenüber Behörden im Land (siehe z. B. § 4 NDIG[90]). Durch die **Änderung der VwGO (§ 55d)**[91] sind zudem seit dem 1.1.2022 schriftlich einzureichende Schriftsätze und Erklärungen, durch einen Rechtsanwalt, **durch eine Behörde** oder durch eine juristische Person des öffentlichen Rechts **beim Gericht elektronisch einzureichen**. Nur, wenn eine Übermittlung aus technischen Gründen vorübergehend nicht möglich ist, bleibt die Übermittlung nach den allgemeinen Vorschriften zulässig. Die vorübergehende Unmöglichkeit ist bei der Ersatzeinreichung oder unverzüglich danach glaubhaft zu machen, auf Anforderung ist ein elektronisches Dokument nachzureichen.

Bei dem Erlass des Verwaltungsakts spielen **zwei Aspekte** eine **besondere Bedeutung:**

a) Form des Verwaltungsakts

Nach § 37 Abs. 2 S. 1 VwVfG kann ein **Verwaltungsakt** schriftlich, **elektronisch**, mündlich und in anderer Weise erlassen werden. Damit kann ein Verwaltungsakt auch **per Mail** erlassen (siehe § 37 Abs. 2 VwVfG) werden. Die **einfache Mail** ist aber nur sehr begrenzt sicher hinsichtlich möglicher Veränderungen durch Dritte und die Einsichtnahme durch unbefugte Personen. Sie eignet sich eher für rechtliche und tatsächlich nicht so bedeutende Vorgänge. Im Rahmen von Maßnahmen der Eingriffsverwaltung wird man wohl eher nicht auf sie zurückgreifen.

Von besonderer Bedeutung ist, unter welchen Voraussetzungen ein Schriftformerfordernis elektronisch ersetzt werden kann. Die Rechtsordnung schreibt wiederholt die **Schriftform** für bestimmte behördliche Willenserklärungen vor (siehe § 38 Abs. 1 S. 1, § 42a Abs. 3 VwVfG; § 10 BImSchG). Der gesetzlich angeordneten Schriftform kommen dabei verschiedene Funktionen zu[92]:

— Abschlussfunktion
— Perpetuierungsfunktion
— Identitätsfunktion
— Echtheitsfunktion
— Verifikationsfunktion
— Beweisfunktion
— Warnfunktion

Das **Ersetzen der Schriftform** durch die elektronische Form setzt voraus, dass die zuvor genannten Funktionen in vergleichbarer Weise abgebildet werden. § 3a Abs. 2 VwVfG formuliert nun folgende Möglichkeiten, um die zuvor bekannten Funktionen sicherzustellen:

[90] Siehe hierzu Zicker in: Miller/Zickler, Nds. Gesetz über die digitale Verwaltung und Informationssicherheit, 2022, § 4 Rdnr. 1 ff.

[91] Eingehend hierzu Weidemann, DVP 2022, S. 449 ff.

[92] Stuhlfauth, Fn. 94, § 3a Rdnr. 17; ferner BT.- Drs. 14/4987, S. 15 ff.

- Das elektronische Dokument muss mit einer qualifizierten Signatur versehen werden (§ 3a Abs. 2 S. 2 VwVfG).
- Unmittelbare Abgabe der Erklärung in einem elektronischen Formular, das von der Behörde in einem Eingabegerät oder über öffentlich zugängliche Netze zur Verfügung gestellt wird (§ 3a Abs. 2 S. 4 Nr. 1 VwVfG). In diesen Fällen muss bei einer Eingabe über öffentlich zugängliche Netze ein sicherer Identitätsnachweis nach § 18 des Personalausweisgesetzes oder nach § 78 Absatz 5 des Aufenthaltsgesetzes erfolgen.
- Anträge und Anzeigen erfolgen durch Versendung eines elektronischen Dokuments an die Behörde mit der Versandart nach § 5 Absatz 5 des De-Mail-Gesetzes (§ 3a Abs. 2 S. 4 Nr. 2 VwVfG).
- Übermittlung elektronischer Verwaltungsakten oder sonstiger elektronischer Dokumente der Behörden durch Versendung einer De-Mail-Nachricht nach § 5 Absatz 5 des De-Mail-Gesetzes, bei der die Bestätigung des akkreditierten Diensteanbieters die erlassende Behörde als Nutzer des De-Mail-Kontos erkennen lässt (§ 3a Abs. 2 S. 4 Nr. 3 VwVfG).
- Übermittlung durch sonstige sichere Verfahren, die durch Rechtsverordnung der Bundesregierung mit Zustimmung des Bundesrates festgelegt werden, welche den Datenübermittler (Absender der Daten) authentifizieren und die Integrität des elektronisch übermittelten Datensatzes sowie die Barrierefreiheit gewährleisten; der IT-Planungsrat gibt Empfehlungen zu geeigneten Verfahren.

Zudem sieht **§ 8 Abs. 6 OZG eigenständige Vorgaben** für die Identifizierung des Nutzers eines Nutzerkontos im Sinne des OZG vor. Der Gesetzgeber greift dabei auf Verfahren aus der Finanzverwaltung zurück (Stichwort: ELSTER-Programm). Nach § 2a NVwVfG ist diese Vorschrift auch für den Vollzug landesrechtlicher Bestimmungen in Niedersachsen anwendbar.

Ferner kann ein Verwaltungsakt unter bestimmten Voraussetzungen vollautomatisch erlassen werden (§ 35a VwVfG). Beim **sog. vollautomatischen Verwaltungsakt** vollzieht sich der gesamte Verwaltungsvorgang vollautomatisch.[93] Nach § 35 a VwVfG kann ein Verwaltungsakt vollständig durch automatische Einrichtungen erlassen werden, sofern dies durch Rechtsvorschrift zugelassen ist und weder ein Ermessen noch ein Beurteilungsspielraum besteht. Obgleich bisher erst recht wenige derartige Rechtsvorschriften existieren, wird in Zukunft davon auszugehen sein, dass diese Form der Kommunikation deutlich zunehmen wird. Ein vollautomatischer Verwaltungsakt wird über sog. Behördenportale abgewickelt. Auch hier ist erforderlich, dass der Beteiligte einwilligt, dass dieses Verfahren über öffentlich zugängliche Netze abgewickelt wird (§ 41 Abs. 2a S. 1 VwVfG). Die Behörde hat sicherzustellen, dass der Abruf nur nach Authentifizierung der abrufberechtigten Person möglich ist und von ihr gespeichert werden kann (§ 41 Abs. 2a S. 2 VwVfG). Damit der Betroffene Kenntnis von dem Abschluss des Verfahrens hat, muss sie

[93] *Rheindorf/Weidemann*, DVP 2016, S. 539 ff.; *Schmitz/Prell*, NVwZ 2016, S. 1273 ff.

ihn über die Bereitstellung des Verwaltungsakts und die Abrufmöglichkeit informieren.[94] Diese Mitteilung stellt einen Realakt dar.

b) Übermittlung des Verwaltungsakts

Nach § 43 Abs. 1 Satz 1 VwVfG wird der **Verwaltungsakt** gegenüber demjenigen, für den er bestimmt ist oder der von ihm betroffen ist, **in dem Zeitpunkt wirksam**, indem er ihm **bekannt gegeben** wird. Damit kommt der Bekanntgabe eine zentrale Funktion zu. Das wirft die Frage auf, wann die Bekanntgabe eintritt, wenn das Dokument elektronisch übermittelt wird. Hier ist eine differenzierte Betrachtung geboten:

– Wird ein Verwaltungsakt im Inland oder in das Ausland elektronisch übermittelt, gilt dieser nach § 41 Abs. 2 Satz 2 VwVfG am 3. Tage nach der Absendung als bekannt gegeben. Eine andere Beurteilung ist dann geboten, wenn der Verwaltungsakt nicht oder zu einem späteren Zeitpunkt zugegangen ist.

  Beispiel:
  Das Auswahlverfahren über die Besetzung einer Beamtenstelle (A 11) beim Landkreis Ammerland ist abgeschlossen. Die Personalverwaltung teilt dem Bewerber Robert Stöver per Mail mit, dass er im Bewerbungsverfahren nicht berücksichtigt worden ist. Die Mail wurde am 11.1.2023 14:55 Uhr abgesandt. Um 15:07 Uhr liest Stöver diese Nachricht. Die an den unterlegenen Bewerber gerichtete Mitteilung (sog. Negativmittelung) ist regelmäßig eine behördliche Ablehnung seiner Bewerbung und damit ein Verwaltungsakt.[95] *Nach § 41 Abs. 2 S. 2 VwVfG gilt dieser Verwaltungsakt damit am 14.1.2023 als bekanntgegeben.*

– Wird der Verwaltungsakt über **ein öffentliches Portal bekannt gegeben**, greift § 41 Abs. 2a VwVfG. Der Verwaltungsakt **gilt am Tag nach dem Abruf als bekanntgegeben** (§ 41 Abs. 2a S. 3 VwVfG). Eine andere Beurteilung ist dann geboten, wenn der Verwaltungsakt nicht innerhalb von zehn Tagen nach Absendung einer Benachrichtigung über die Bereitstellung abgerufen wird. Die Bereitstellung ist dann beendet (§ 41 Abs. 2a S. 4 VwVfG). In diesem Fall ist die Bekanntgabe nicht bewirkt. Es besteht aber die Möglichkeit einer erneuten Bereitstellung zum Abruf des Verwaltungsakts. Die Behörde kann aber den Verwaltungsakt auch auf andere Weise bekanntgeben (vgl. § 41 Abs. 2a S. 5 VwVfG).

  Beispiel:
  Die Behörde teilt dem Verfahrensbeteiligten am 17.1.2023 per Mail mit, dass sein Verwaltungsakt zur Abrufung beim Behördenportal des Landes bereitsteht. Am 18.1.2023 ruft der Beteiligte den Verwaltungsakt ab. Die Bekanntgabe ist damit nach § 41 Abs. 2a S. 3 VwVfG am 19.1.2023 bewirkt.

---

[94] zutreffend Stuhlfauth, in: *Obermayer/Funke-Kaiser* (Hrsg.), VwVfG-Kommentar, 5. Aufl., § 41 Rdnr. 43a

[95] Siehe HessVGH Beschl. vom 18.07.2018, DÖV 2018, S. 952 (L)

Abwandlung:
Der Beteiligte ruft bis zum 27.1.2023 den Verwaltungsakt nicht ab. Damit ist die Bekanntgabe gescheitert (§ 41 Abs. 2a S. 4 VwVfG). Der Verwaltungsakt entfaltet damit keine Wirksamkeit (§ 43 Abs. 1 S. 1 VwVfG).

— Mit der **Änderung des OZG** im Jahre 2020[96] ist eine **weitere Variation** für die **Bekanntgabe** eines elektronischen Verwaltungsaktes eingeführt worden. Auch hier wird dem Adressaten das Dokument nicht übermittelt. Es wird über das Postfach nach § 2 Abs. 7 OZG, das Bestandteil eines Nutzerkontos nach § 2 Abs. 5 OZG ist, abgerufen. Der Verwaltungsakt gilt am dritten Tag nach der Bereitstellung zum Abruf als bekanntgegeben. Im Zweifel hat die Behörde für den Eintritt der Fiktionswirkung die Bereitstellung und den Zeitpunkt der Bereitstellung nachzuweisen. Der Nutzer wird spätestens am Tage der Bereitstellung zum Abruf über die Möglichkeit des Abrufs informiert. In Niedersachen ist diese Vorschrift für den Vollzug landesrechtlicher Vorschriften für anwendbar erklärt worden(vgl. § 3a NVwVfG).

Abb.: Bekanntgabe von Verwaltungsakten durch Online-Abruf[97]

	Verfahren nach § 9 OZG	**OZG**	**Verfahren nach § 41 Abs. 2a VwVfG**	**VwVfG**
Portal(e)	Portal im Sinne des OZG	§ 9 I 1	Sonstige öffentlich zugängliche Netze	§ 41 IIa 1
Nutzerkonto	erforderlich	§ 9 I 1	entfällt	–
Benachrichtigung	erforderlich	§ 9 I 4	erforderlich	§ 41 IIa 3
Abruf Bekanntgabe-voraussetzung	vorgesehen	Nein	Ja	§ 41 IIa 3
Bekanntgabe-fiktion	Ja	§ 9 I 3	Ja	§ 41 IIa 3

— Das **VwZG ermöglicht** auch die **elektronische Zustellung** von elektronischen Dokumenten (vgl. §§ 2 Abs. 2 und 3; 5 Abs. 5-7 und 5a VwZG).

Die Frage des Übermittlungsmediums berührt nicht die Anforderungen an die **Rechtmäßigkeit eines elektronischen Verwaltungsakts**. Hier sind die auch sonst zu beachtenden

[96] BGBl. I, S. 2668
[97] Weitere Abgrenzungsgesichtspunkte siehe Suckow/Weidemann/Barthel, Fn. 87, Rdnr. 191b

Vorgaben hinsichtlich der Zuständigkeit, des Verfahrens, der Form und der materiellen Rechtmäßigkeit zu beachten. An bestimmten Stellen enthält das VwVfG aber ergänzende Vorgaben.[98] So ist nach § 39 Abs. 1 S. 1 VwVfG regelmäßig auch ein elektronischer Verwaltungsakt mit einer Begründung zu versehen.

98 Siehe Übersicht bei Suckow/Weidemann/Barthel, Fn. 87, Rdnr. 72f

VIII. ERLÄUTERUNGEN

Gemäß § 37 Abs. 3 S. 1 Hs. 1 VwVfG[99] (in Niedersachsen anwendbar über § 1 Abs. 1 NVwVfG) muss ein schriftlicher oder elektronischer Verwaltungsakt (VA) „die **erlassende Behörde** erkennen lassen". 1

„Behörde" im Sinne des § 1 Abs. 4 NVwVfG[100] ist auf kommunaler Ebene gemäß § 86 Abs. 1 S. 2 NKomVG der Hauptverwaltungsbeamte[101](HVB) als Organ der Selbstverwaltungskörperschaft, dessen Bezeichnung (Bürgermeister usw.) sich jeweils nach Art der Kommune aus § 7 Abs. 2 NKomVG ergibt.

Im staatlichen Bereich ist „Behörde" im o. g. Sinne z. B. das Gewerbeaufsichtsamt resp. das jeweilige Fachministerium (als Behörde der staatlichen Gebietskörperschaft Land Niedersachen), nicht der Leiter des staatlichen Gewerbeaufsichtsamtes oder der jeweilige Fach-Minister, weil diese keinen Organstatus innehaben.

Demzufolge ist § 37 Abs. 3 S. 1 Hs. 2 VwVfG (Unterschrift ... des Behördenleiters ...) auf kommunaler Ebene so zu verstehen, dass der schriftliche VA, um insoweit formell rechtmäßig zu sein, grundsätzlich[102] die Unterschrift des HVB, seines Vertreters oder Beauftragten enthalten muss. Für die staatlichen Behörden ist dieser Halbsatz unmittelbar anwendbar.

Um wirksam zu werden, muss ein **VA** gem. § 43 Abs. 1 S. 1 VwVfG[103] bekannt gegeben werden. Gem. § 41 Abs. 1 S. 1 VwVfG[104] ist er demjenigen Beteiligten[105] **bekannt zu geben**, für den er bestimmt ist oder der von dem Verwaltungsakt betroffen ist. U. U. ergibt sich aus dem vorliegenden Gutachten, wer Adressat des Verwaltungsakts ist. Gerade dort, wo eine Auswahl unter möglichen Adressaten zu treffen war (z. B. bei einer ordnungsrechtlichen oder bauordnungsrechtlichen Fallgestaltung), ist konsequent die Vorgabe des Gutachtens umzusetzen. Über dies ist zu beachten, dass die Bekanntgabe auch gegenüber anderen Personen als dem Adressaten des VA erfolgen kann – etwa Bevollmächtigte nach § 41 Abs. 1 S. 2 VwVfG. 2

Beteiligte von Verwaltungsverfahren können nach den §§ 11, 13 VwVfG auch juristische Personen sein. Dabei ist zu berücksichtigen, dass juristische Personen nur als (gesetzliche) 2a

[99] ≙ § 33 Abs. 3 S. 1 SGB X

[100] ≙ § 1 Abs. 2 SGB X

[101] Auf das zusätzliche Aufzeigen der weiblichen Form wird hier aus Vereinfachungsgründen/der besseren Lesbarkeit des Textes halber verzichtet. Diese ist aber selbstverständlich als jeweils hiervon miterfasst zu betrachten.

[102] zur Ausnahme s. § 37 Abs. 5 S. 1 VwVfG ≙ § 33 Abs. 5 Hs. 1 SGB X

[103] ≙ § 39 Abs. 1 S. 1 SGB X

[104] ≙ § 37 Abs. 1 S. 1 SGB X

[105] s. § 13 VwVfG ≙ § 12 SGB X

Vertreter handeln können. Dies ist beispielsweise bei einem eingetragenen Verein der Vorstand (§ 26 BGB) und bei einer GmbH der Geschäftsführer (§ 35 GmbHG).

3 Ein schriftlicher VA kann, um ihn bekannt zu geben, als sog. einfacher Brief durch die Post formlos übermittelt (§ 41 Abs. 2 VwVfG[106]) oder gem. §§ 41 Abs. 5 VwVfG[107], 1 Abs. 1 NVwZG, 2 ff. VwZG zugestellt werden (= **förmliche Bekanntgabe**). Vorteil der Zustellung ist, dass regelmäßig Zeit und Art der Bekanntgabe nachgewiesen werden können. Wird die förmliche Bekanntgabe gewählt, muss dem Benennen des Adressaten das Aufzeigen der Zustellungsart im sog. **Zustellungsvermerk** vorangestellt werden (z. B. „Per Zustellungsurkunde“).

4 Schreiben von Behörden, als nach außen gerichtete Informationsträger, haben hinsichtlich des Inhalts und der Form bestimmten **Grundanforderungen** zu entsprechen. Sie weisen folgende Merkmale auf:

Briefkopf

mit der Bezeichnung der Behörde z. B.	
Gemeinde A (nicht „Gemeindeverwaltung“)	> die jurist. Person des öffentl. Rechts
Der Bürgermeister	> das als Behörde handelnde Organ
Anschriftenfeld der Behörde	
Postanschrift des Absenders	> eine Zeile über dem Feld für die Anschrift des Empfängers
Postanschrift des Empfängers	> **DIN 5008** – legt folgende Reihenfolge fest: – Versendungsform/ Zustellungsvermerk[108] – Empfängerbezeichnung – Postfach oder Straße mit Hausnummer – Postleitzahl, Bestimmungsort
Geschäftszeichenzeile	> **muss mindestens enthalten:** Ihre Nachricht vom Ihre Zeichen Mein Zeichen Durchwahl-Telefonnummer[109] Datum

[106] ≙ § 37 Abs. 2 SGB X

[107] ≙ § 37 Abs. 5 SGB X

[108] entfällt bei Bekanntgabe mit „einfachem Brief“

[109] wird häufig im Rahmen eines sog. Informationsblocks (meistens oben rechts auf dem Kopfbogen) angegeben, aus dem sich u. a. auch der Name des Sachbearbeiters, die Faxnummer und die Internetadresse pp. ergeben.

Gegenstand
> der behandelte Gegenstand wird in Stichworten
> formuliert und fett-gedruckt wiedergegeben;

die Worte „Betreff/Bezug" werden nicht geschrieben!

Anrede[110]
> z. B.: Sehr geehrte Frau Schmidt,

Text
> Inhalt des Schreibens gliedern:
- Im Regelungsfalle (VA-Erlass):
  - Entscheidungsformel (sog. Tenor[111])
  - Hauptentscheidung
    - ggf. Nebenbestimmungen[112]
    - Nebenentscheidungen[113]
  - Begründung[114] der getroffenen Entscheidungen
  - Rechtsbehelfsbelehrung[115]
  - ggf. Hinweise zur Information/ auf die Rechtslage
- Im Nicht-Regelungsfalle (**schlicht-hoheitliches Handeln**):
  - Sachverhaltsdarstellung
  - Rechtsgrundlage für die Maßnahme
  - Begründung[116]

Grußformel[117]
> z. B.: Mit freundlichen Grüßen

Schlussformel
Wenn im Kopf das Organ nicht genannt ist, ist es dieser Stelle voranzustellen plus ggf.

[110] **...und Grußformel bilden eine Einheit und sind von daher nur zusammen verwendbar. Auf sie wird im interbehördlichen Schriftverkehr verzichtet.**

[111] s. hierzu auch Rdnr. 5.

[112] s. § 36 Abs. 2 VwVfG ≙ § 32 Abs. 2 SGB X

[113] ggf. Anordnung der sofortigen Vollziehung, Zwangsmittelandrohung; **Kostenlastentscheidung** als **obligatorisch** zu treffende Nebenentscheidung.

[114] s. hierzu auch Rdnr. 6

[115] s. hierzu auch Rdnr. 9

[116] in Anlehnung an Rdnr. 6

[117] s. Fn. 2

Vertretungsverhältnis	> im Auftrag oder in Vertretung Unterschrift (ggf. Wiederholung des Namens in Druckbuchstaben, ggf. ergänzt mit Dienst-/Amtsbezeichnung)
beim Entwurf	> ggf. Gegenzeichnung/Mitzeichnung Büroverfügungspunkte

5 Der Tenor dient ausschließlich der Mitteilung der Regelung. Die Regelung muss inhaltlich hinreichend bestimmt sein gem. § 37 Abs. 1 VwVfG[118], d. h., der Gegenstand der Entscheidung und ihr Inhalt müssen für den Adressaten des VA zweifelsfrei erkennbar sein.
Die **Trennung von Entscheidungssatz und Begründung** hat zur Folge, dass im Tenor nichts erläutert wird, was systematisch in die Begründung gehört. Das bedeutet, dass weder Rechtsgrundlagen noch tatsächliche Gründe in den Tenor gehören. Außerdem muss der Tenor von allem freigehalten werden, was nicht unmittelbar zum Inhalt des Verwaltungsaktes gehört.
Neben der **Hauptregelung** sind in den Tenor **Nebenbestimmungen** (z. B. Auflagen) und **Nebenentscheidungen** (z. B. Zwangsmittelandrohung, Anordnung der sofortigen Vollziehung) aufzunehmen.
Im Tenor des Bescheides wird dem Grunde nach auch über die Kostenlast entschieden.

Die **Kostenlastentscheidung** legt fest, wer die Kosten dem Grunde nach zu tragen hat. Aus der Entscheidung muss hervorgehen, ob Kosten erhoben werden, oder ob die Entscheidung kostenfrei[119] ergeht.
Die Kosten werden regelmäßig durch besonderen Bescheid festgesetzt, weil die Verwendung von Kostenfestsetzungsvordrucken wirtschaftlicher ist und darüber hinaus sicherstellt, dass alle Gesichtspunkte für die Kostenfestsetzung berücksichtigt werden.

6 Gem. § 39 Abs. 1 S. 1 VwVfG[120] ist ein **schriftlicher Verwaltungsakt schriftlich zu begründen**, sofern nicht § 39 Abs. 2 VwVfG Ausnahmen hiervon vorsieht.
Gem. § 39 Abs. 1 S. 2 VwVfG sind hier die wesentlichen tatsächlichen und rechtlichen Gründe mitzuteilen, die die Behörde zu ihrer Entscheidung bewogen haben. Dies bedeutet, dass die Behörde zur Mitteilung der Gründe verpflichtet ist, von denen sie sich hat leiten lassen. In der Begründung ist jedenfalls die zugrunde gelegte Rechtsgrundlage zu nennen und die jeweiligen Tatbestandsvoraussetzungen sind unter Einbeziehung des Sachverhalts **im Entscheidungsstil** darzulegen. § 39 Abs. 1 S. 3 VwVfG enthält die Verpflichtung zum Mitteilen der angestellten Ermessenserwägungen.

6a Ein schriftlicher Verwaltungsakt ist regelmäßig nach § 39 Abs. 1 S. 1 VwVfG zu begründen. Von einer Begründung kann aber nach § 39 Abs. 2 Nr. 1 VwVfG abgesehen werden,

---
118 ≙ § 33 Abs. 1 SGB X
119 vgl. hierzu z. B. § 64 Abs. 1 SGB X
120 ≙ § 35 SGB X

soweit einem Antrag entsprochen wird. § 39 Abs. 2 VwVfG enthält aber kein Verbot, einen Bescheid zu begründen. So kann es Fallgestaltungen geben, in denen es durchaus sinnvoll ist, eine (kurze) Begründung zu geben. Derartige Begründungen können der Klarheit der Antragsbescheidung dienen. Ergänzende Hinweise können zudem hilfreich für den weiteren Verfahrensgang sein.

Gem. § 39 Abs. 2 Nr. 1 VwVfG bedarf es für stattgebende Entscheidungen keiner Begründung. Ausführungen zur Begründung, die über ein eventuelles Nennen der Rechtsgrundlage hinausgehen, erscheinen wenig adressatengerecht. **7**

Das gilt auch für die Bescheinigungen über den Eintritt einer Genehmigungsfiktion nach § 42 a Abs. 3 VwVfG (s. Rdnr. 19, 20).

Gleichwohl kann es aber in Ausnahmesituationen sinnvoll sein, eine kurze Begründung zu geben. Sie dient dann der Klarstellung. Beim Muster 7 wurde die Entscheidung daher zutreffend kurz begründet.

Allerdings müssen **beigefügte Nebenbestimmungen** (§ 36 Abs. 2 VwVfG[121]) **und Nebenentscheidungen** (die Anordnung der sofortigen Vollziehung, das Androhen von Zwangsmitteln, die Kostenlastentscheidung) **begründet werden.**

Für die Entscheidung, die eine Amtshandlung ist, sind **Kosten** (Gebühren und Auslagen) gem. § 1 Abs. 1 NVwKostG zu erheben, sofern es sich **nicht** um eine **kostenfreie Amtshandlung oder** eine **Billigkeitsmaßnahme** nach § 11 Abs. 1 oder Abs. 2 S. 2 Alt. 2 NVwKostG handelt. Da der Betroffene hier zur Amtshandlung Anlass gegeben hat, ist er gem. § 5 Abs. 1 NVwKostG Kostenschuldner. **8**

Die Behörde ist nur dann ermächtigt, Gebühren zu erheben, wenn für die Amtshandlung in einer Gebührenordnung eine **Tarifstelle** vorhanden ist.

Das Erstatten von Auslagen wird nach den Voraussetzungen des § 13 NVwKostG auferlegt. Andernfalls ist dahingehend zu entscheiden, dass Kosten für die Amtshandlung nicht erhoben werden, die Entscheidung also kostenfrei ergeht. In der Begründung der Kostenlastentscheidung sind die o. g. Rechtsgrundlagen zu nennen und darzulegen, wer Kostenschuldner ist.

Aus § 1 Abs. 1 Buchst. b) NVwKostG folgt, dass der Anwendungsbereich des **NVwKostG** im kommunalen Bereich auf Amtshandlungen **im übertragenen Wirkungskreis** (§ 6 NKomVG) beschränkt ist.
Grundlage für eine Kostenentscheidung in Angelegenheiten des **eigenen Wirkungskreises** (§ 5 NKomVG) kann nur eine **Satzung der Selbstverwaltungskörperschaft** sein; § 2 Abs. 1 und § 4 Abs. 1 NKAG.

[121] ≙ § 32 Abs. 2 SGB X

Achtung:
Für Entscheidungen im Sozialverwaltungsverfahren werden gem. § 64 SGB X keine Gebühren und Auslagen erhoben!

9 Die Verpflichtung zum Beifügen **einer Rechtsbehelfsbelehrung** (Rbb) ergibt sich – soweit keine spezialgesetzlichen Regelungen greifen[122] – aus **§ 37 Abs. 6 VwVfG.**
Deren **Mindestinhalt** bestimmt sich gemäß **§§ 79 VwVfG, 70 Abs. 2 VwGO** auch für das Vorverfahren (Widerspruchsverfahren) nach den Bestimmungen des **§ 58 Abs. 1 VwGO**, um die gemäß §§ 70 Abs. 1 S. 1, 74 Abs. 1 VwGO für das Einlegen des jeweiligen Rechtsbehelfs (Widerspruch oder Klage) vorgesehene Monatsfrist in Lauf zu setzen. Die Rechtsbehelfsbelehrung muss den Vorgaben entsprechend ordnungsgemäß sein. Werden diese Bestimmungen nicht eingehalten oder enthält die Belehrung einen erschwerenden Zusatz (z. B., dass der Rechtsbehelf schriftlich einzulegen oder zu begründen ist), so ist/sind gemäß § 58 Abs. 2 VwGO der Widerspruch bzw. die Klage gegen den Verwaltungsakt innerhalb eines Jahres nach Bekanntgabe des Verwaltungsaktes bzw. Zustellung des Widerspruchsbescheides möglich.

Den gesetzlich geforderten **Mindestgehalt** spiegelt die in **Muster 8** enthaltene Rechtsbehelfsbelehrung wider. Die Rechtsbehelfsbelehrungen in den Mustern im Übrigen enthalten Zusätze, die den Betroffenen über den Mindestgehalt hinausgehende Informationen geben, aber keine erschwerenden Zusätze im o. g. Sinne darstellen.
Um einen solchen Zusatz handelt es sich nach einer aktuellen Entscheidung des BVerwG (Urt. Vom 9. Mai 2019 – 4 C 2.18, BeckRS 2019, 16675) insbesondere bei der Formulierung, dass der Rechtsbehelf innerhalb eines Monats **„nach Bekanntgabe"** einzulegen ist. Diese Erleichterung der Fristberechnung für den Adressaten sei zwar hilfreich, jedoch nicht vom § 58 Abs. 1 VwGO vorgesehen, sodass ein Verzicht hierauf nicht die Jahresfrist nach § 58 Abs. 2 VwGO auslöse. Es reicht somit aus, wenn die Behörde abstrakt auf die Monatsfrist – etwa wie in Muster 8 – hinweist.

Die **Rechtsbehelfsbelehrung** ist nach § 37 Abs. 6 Satz 2 VwVfG auch der **schriftlichen** oder **elektronischen Bestätigung eines Verwaltungsaktes** und der **Bescheinigung nach § 42 a Abs. 3 VwVfG** beizufügen (s. hierzu auch Rdnr. 19, 20).

Nach dem Inkrafttreten des Gesetzes zur Modernisierung der Verwaltung in Niedersachsen vom 05.11.2004 (Nds. GVBl. Nr. 31, S. 394 ff.), in dessen Zuge das Widerspruchsverfahren

[122] vgl. hierzu z. B. § 36 SGB X, der über den § 58 Abs. 1 VwGO hinaus auch eine Belehrung über die „Form" fordert.

nur noch in bestimmten Fällen landesrechtlich gesetzlich vorgesehen[123] ist, also weitgehend abgeschafft wurde, steht **praktisch** die **„Klage-Rechtsbehelfsbelehrung“**[124] **im Vordergrund**. Die Klagefrist ergibt sich aus § 74 VwGO. Die Rechtsbehelfsbelehrung erstreckt sich auch auf die Entscheidung über die Kostenlast.
Zwischenzeitlich ist in Niedersachsen der Umfang der möglichen Ausnahmen nach § 68 Abs. 1 S. 2 HS 1 VwGO wiederholt verändert worden. Nunmehr regelt § 80 Nds. Justizgesetz (NJG), dass vor Erhebung der Anfechtungs- bzw. Verpflichtungsklage das Vorverfahren regelmäßig entfällt (Abs. 1 und 4). In einem umfangreichen Katalog sind aber Ausnahmen vorgesehen (siehe Abs. 2). Zudem hat das Land zwischenzeitlich ein sog. **Behördenoptionsmodell** eingeführt. In sechs Sachbereichen kann die Verwaltung eigenständig entscheiden, ob sie vor Klageerhebung ein Vorverfahren vorsehen will (siehe Abs. 3; dazu Weidemann, DVP 2018, L 17 f.).

Im Falle des noch gesetzlich vorgesehenen Widerspruchsverfahrens ist Folgendes zu beachten: Verteilt sich die Verwaltungstätigkeit ein und derselben Behörde auf mehrere Orte, ist Behördensitz der Ort, an dem die Leitung der Behörde ihren Sitz hat. Soll jedoch ausnahmsweise in der Rechtsbehelfsbelehrung eine Außenstelle als für die Entgegennahme zuständig bezeichnet werden, so ist neben der Angabe der unselbständigen Außenstelle noch der Hinweis erforderlich, dass der Rechtsbehelf auch beim Hauptsitz der Behörde eingelegt werden kann. Welches Verwaltungsgericht zuständig ist, ergibt sich aus § 73 NJG.

Nach § 22 VwVfG[125] kann ein Verwaltungsverfahren durch die Initiative der Behörde („von Amts wegen“) eingeleitet werden oder es wird durch Initiative eines Bürgers („auf Antrag“) 10
eingeleitet.

[123] **Folgende Rechtsbereiche sind von der Abschaffung des Vorverfahrens ausgenommen worden**, d. h., ein Vorverfahren ist weiterhin gesetzlich vorgesehen. Siehe u. a.:
Bereich VwGO (§ 80 NJG):
- VA, denen eine Bewertung einer Leistung im Rahmen einer berufsbezogenen Prüfung zugrunde liegt
- VA, die von Schulen erlassen werden
- Baurecht (BauGB und NBauO)
- BImschG
- Kreislaufwirtschafts- u. Abfallgesetz, Rechtsvorschriften der EG zum Abfallrecht, Abfallverbringungsgesetz, Nds. Abfallgesetz
- Bundes- und Nds. Bodenschutzgesetz
- Naturschutz u. Landschaftspflege betreffende Rechtsvorschriften der EG, des Bundes und des Landes, Nds. Wasserhaushaltsgesetz und Nds. Wassergesetz
- Chemikalien- und Sprengstoffgesetz; Geräte- und Produktsicherungsgesetz; Strahlenschutz- und Röntgenverordnung
- Unterhaltsvorschussgesetz
- Im Bereich der **Verfahren vor den Sozialgerichten** bestimmt **§ 86 NJG**, wann ein **Vorverfahren entbehrlich** ist.

[124] **Achtung:**
Sollte, obwohl nicht zu den Mindestanforderungen gehörend, im Anwendungsbereich des § 58 Abs. 1 VwGO auch über die „Form“ belehrt werden, was gängige Praxis ist, so sollte – derzeit in Lit. und Rspr. noch str. – darauf geachtet werden, dass neben den Formen „schriftlich oder zur Niederschrift ...“ auch die **elektronische Form** mit einbezogen wird, um nicht die Jahresfrist gem. § 58 Abs. 2 VwGO auszulösen.

[125] ≙ § 18 SGB X

11 Sonstige Maßnahmen sind hinsichtlich ihrer äußeren Gestaltung denselben Regeln unterworfen, die allgemein für den externen Schriftverkehr aufgestellt worden sind (siehe Rdnr. 4).
Inhaltlich handelt es sich bei diesen Maßnahmen um solche, die Auswirkungen einer Handlung auf die Verfahrenspositionen von Beteiligten und Betroffenen haben. Hierzu zählen beispielsweise das Eröffnen des Verwaltungsverfahrens, das Durchführen einer Anhörung, einer Beweisaufnahme, eines Erörterungstermins, das Gewähren von Akteneinsicht, die Ladungen zu Verhandlungen sowie Entscheidungen über die Befangenheit. Sie müssen den Anforderungen der jeweiligen Rechtsgrundlage entsprechen, auf die sie gestützt werden. Maßgeblich dafür, zu welchen Aspekten einer Sache in einem Verfahren vorbereitende Maßnahmen zu treffen sind und was i. d. S. zum Gegenstand des Verfahrens gehört, ist in erster Linie das materielle Recht.

11a Zu den sonstigen Maßnahmen einer Behörde (Grundsatz siehe Nr. 11) zählt auch die Aufforderung, Antragsunterlagen zu ergänzen. Neben der Auflistung der geforderten Unterlagen ist zudem der Hinweis zweckmäßig, dass ohne diese Unterlagen der Antrag nicht weiterbearbeitet werden kann.

12 Der Stand einer Sache muss jederzeit aus den Akten vollständig ersichtlich sein. Es ist demnach zweckmäßig, einen Aktenvermerk über alle Ereignisse und Gesichtspunkte anzufertigen, die für die Bearbeitung von Bedeutung sein können.

13 Im Tenor wird dem Grunde nach auch über die **Kostenlast** entschieden(s. § 1 Abs. 1 NVwKostG). Da sich die **Entscheidung** auf das gesamte Verfahren bezieht (vgl. § 9 VwVfG), erscheint die Formulierung „Kosten des Verfahrens“ angebracht. Sind weder Gebühren noch Auslagen zu erheben, lautet die Kostenlastentscheidung zum Beispiel „Kosten werden nicht erhoben“ oder „Für meine Entscheidung über .... erhebe ich keine Kosten.“. Die Kosten sollten durch gesonderten Bescheid festgesetzt werden, weil die Verwendung eines Vordrucks wirtschaftlicher ist und sicherstellt, dass alle Gesichtspunkte für die Kostenfestsetzung berücksichtigt werden.
Außerdem kann in Fällen, in denen das Widerspruchsverfahren noch gesetzlich vorgesehen ist (vgl. § 8 a Abs. 3 Nds. AGVwGO), den unterschiedlichen Rechtswirkungen eines Widerspruchs besser Rechnung getragen werden.

Achtung: Für das Verwaltungsverfahren nach dem SGB X (§ 8) werden gem. § 64 Abs. 1 SGB X **k e i n e Gebühren und Auslagen erhoben!**
Auch das Verfahren vor den Sozialgerichten ist gem. § 183 S. 1 SGG für Versicherte, Leistungsempfänger, Behinderte oder deren Sonderrechtsnachfolger kostenfrei, soweit sie in dieser Eigenschaft als Kläger oder Beklagte beteiligt sind; für die Träger der Sozialhilfe nach § 64 Abs. 3 SGB X.

13a Bei bestimmten Fallgestaltungen kann es geboten sein, den Bescheid auch anderen Behörden zur Kenntnis zu geben. Regelmäßig erfolgt eine formlose Übermittlung dieses Dokuments. Mitunter wird die Übermittlung mit einer bestimmten Bitte (z. B. regelmäßiger Kontrolle) verbunden.

Die **Anordnung der sofortigen Vollziehung** (AOsofVollz.) nach § 80 Abs. 2 S. 1 Nr. 4 VwGO stellt ebenso wie die **Zwangsgeldandrohung** gem. § 70 Abs. 1 NVwVG i. V. m. §§ 70 Abs. 1 S. 1, 64 Abs. 1 NPOG (s. hierzu auch Rdnr. 17) eine selbständige, den Betroffenen zusätzlich belastende Entscheidung dar, die **zwingend** in den **Tenor** aufzunehmen ist. **14**

Nach § 80 Abs. 3 VwGO ist das **besondere öffentliche Interesse** an einer sofortigen Vollziehung des VAs zu begründen. Ein allgemeiner Hinweis, dass beabsichtigt sei, rechtmäßige Zustände herzustellen, oder sonstige **schematische Formulierungen reichen** als Begründung **in keinem Falle aus** (s. hierzu – sehr anschaulich, mit praktischem Fall aus dem Baurecht – *Weidemann/Barthel* „Die behördliche Anordnung der sofortigen Vollziehung", in: DVP 5/03, S. 165 ff.). **15**

Der **Adressat sollte auf die Wirkung** der Anordnung der sofortigen Vollziehung **hingewiesen werden.** **16**
Eine Belehrung über das Verfahren nach § 80 Abs. 5 VwGO ist nicht vorgeschrieben, dennoch sollte im Rechtsschutzinteresse des Bürgers ein entsprechender Hinweis gegeben werden. Ein solcher Hinweis gehört jedoch nicht in die Rechtsbehelfsbelehrung, sondern ist grafisch getrennt von dieser aufzunehmen.

Es handelt sich hierbei um eine **Zwangsmittelandrohung** gem. §§ 64 Abs. 1, 65 Abs. 1 Nr. 2, 70 I 1 NPOG (anwendbar auch in nicht gefahrenabwehrrechtlichen Fällen über § 70 Abs. 1 NVwVG) **= die 1. Stufe der Verwaltungsvollstreckung** im dreistufigen Verfahren, als **„Nebenentscheidung"** im Tenor. **17**

Der Adressat sollte darauf hingewiesen werden, dass in diesem Falle der Suspensiveffekt (die aufschiebende Wirkung) gem. § 80 Abs. 1 VwGO kraft Gesetzes entfällt. Im Übrigen gilt Rdnr. 16 S. 2 entsprechend. **18**

Mit diesem Schreiben wird der sich aus § 42 a Abs. 3 VwVfG ergebende Anspruch auf **schriftliche Bescheinigung des Eintritts der Genehmigungsfiktion** (hier: Erlaubnisfiktion) geltend gemacht. **19**

Die genaue Bestimmung des Begriffs der **Genehmigungsfiktion** ist grundlegend im **§ 42 a Abs. 1 VwVfG** enthalten.
Voraussetzung für den Eintritt einer Genehmigungsfiktion ist gemäß § 42 a Abs. 1 S. 1 VwVfG das Stellen eines hinreichend bestimmten Antrags auf Erteilen einer Genehmigung und eine die Fiktion betreffende Anordnung durch Rechtsvorschrift.[126]
Verstreicht die Frist, greift kraft Gesetzes eine Genehmigungs-/Erlaubnisfiktion ein; d. h., das **Gesetz fingiert** einen **Verwaltungsakt,** bei dem der **Antragsteller so gestellt** wird, als hätte die Behörde seinen **Antrag bejahend entschieden**.

---

[126] Weitere Anwendungsbeispiele: § 12 Abs. 5 GenTG (Zustimmung zur Errichtung und zum Betrieb einer gentechnischen Anlage der Sicherheitsstufe 2), § 15 Abs. 2 S. 2 BImschG (Zustimmung zur Änderung einer nach dem BImschG genehmigungsbedürftigen Anlage).

Auf diesen fiktiven Verwaltungsakt finden gemäß § 42 a Abs. 1 S. 2 VwVfG die **Vorschriften über die Bestandskraft von Verwaltungsakten** nach§ 35 VwVfG **sowie** die Vorschriften über **das Rechtsbehelfsverfahren** entsprechend Anwendung. D.h., insbesondere die Vorschriften zur Nichtigkeit von Verwaltungsakten (§ 44 VwVfG), zur Rücknahme rechtswidriger Verwaltungsakte (§ 48 VwVfG), zum Widerruf rechtmäßiger Verwaltungsakte (§ 49 VwVfG) und zur Anfechtungsklage (§ 42 Abs. 1 VwGO) sind **analog anwendbar**. Vorschriften, die auf einen real erlassenen Verwaltungsakt zugeschnitten sind, wie z. B. diejenigen über die Bekanntgabe des Verwaltungsakts (§ 41 VwVfG), scheiden dagegen aus.

20 Im Gegensatz zur Genehmigungsfiktion kraft Gesetzes (s. Rdnr. 19) ist die **Bescheinigung über den Eintritt der Fiktion** ein **feststellender Verwaltungsakt** nach § 35 S. 1 VwVfG, auf den sämtliche Rechtmäßigkeits- und Bestandkraftvorschriften nach dem VwVfG unmittelbar Anwendung finden, soweit hierfür keine Spezialvorschriften vorrangig greifen.

21 Es handelt sich hierbei um eine Aufforderung/ein Gelegenheitgeben zur **Erörterung nach § 79 Abs. 4 NBauO**, bevor die Behörde eine bauordnungsrechtliche Maßnahme nach § 79 Abs. 1 NBauO trifft. Dies **geht über** die bei jedem beabsichtigten, in die Rechte des Adressaten/Betroffenen eingreifenden Verwaltungsakt erforderliche **Anhörung gemäß § 28 Abs. 1 VwVfG** – soweit nicht gemäß § 28 Abs. 2 VwVfG von einer Anhörung abgesehen werden kann oder gemäß § 28 Abs. 3 VwVfG sogar abgesehen werden muss – **hinaus**, weil die Behörde bei der Erörterung auch darlegen muss, welche Maßnahmen aus ihrer Sicht in Betracht kommen und warum sie in welcher den geringstmöglichen Eingriff sieht. § 79 Abs. 4 NBauO stellt also eine **Spezialvorschrift** zu § 28 Abs. 1 VwVfG dar.

22 Nach § 72 VwGO ist zunächst eine sog. Abhilfeprüfung durchzuführen. Hält die Behörde den Widerspruch für begründet, so hilft sie ihm ab und entscheidet über die Kosten. Dieses Abhilfeverfahren findet jedoch nicht statt, wenn ein Fall der sogenannten Behördenidentität nach § 73 Abs. 2 S. 2 Nr. 2 VwGO vorliegt – also Ausgangsbehörde und Widerspruchsbehörde identisch sind[127]. In einem solchen Fall wird direkt ein Widerspruchsbescheid erlassen. Fällt die Entscheidung zugunsten des oder der Widerspruchsführenden aus, so ergeht ein stattgebender Widerspruchsbescheid, andernfalls ergeht ein zurückweisender Widerspruchsbescheid.

23 Nach den §§ 79, 14 Abs. 1 S. 1 VwVfG kann sich ein Beteiligter in einem Widerspruchsverfahren durch einen Bevollmächtigten vertreten lassen. Lediglich auf Verlangen der Behörde hat der Bevollmächtigte seine Vollmacht schriftlich nachzuweisen.

Bei der notwendigen Korrespondenz ist zu berücksichtigen, dass es u. U. eine gesetzliche Verpflichtung gibt, diese unmittelbar mit dem Bevollmächtigten zu führen. Eine derartige Verpflichtung kann sich beispielsweise aus § 7 VwZG ergeben.

[127] So schon BVerwGE 70, 4 ff. (12); vgl. auch *Hüttenbrink* in: BeckOK VwGO, 64. Ed. Stand 01.04.2023, § 72 Rn. 3

Im Hinblick auf die Bestimmtheit der Widerspruchsentscheidung ist es notwendig, deutlich zu machen, was mit dem strittigen Verwaltungsakt geschieht. Bei einer stattgebenden Entscheidung würde die Formulierung „...ich gebe dem Widerspruch statt..." nicht die gebotene Klarheit bringen. **24**

Im Rahmen des Widerspruchsbescheids ist nach § 73 Abs. 3 VwGO auch über die Kosten zu entscheiden. Da der Inhalt der Kostenentscheidung nicht in der VwGO geregelt ist, richtet sich diese nach § 80 VwVfG. **25**

Soweit der **Widerspruch erfolgreich** ist, hat nach § 80 Abs. 1 S. 1 VwVfG der Rechtsträger, dessen Behörde den angefochtenen Verwaltungsakt erlassen hat, demjenigen, der Widerspruch erhoben hat, die zur zweckgerechten Rechtsverteidigung oder Rechtsverfolgung notwendigen Aufwendungen zu erlassen. Ist ein Bevollmächtigter beteiligt, so muss die Tenorierung zum Ausdruck bringen, dass die Kostenentscheidung zugunsten des Verfahrensbeteiligten erfolgt ist. **26**
Sofern ein Bevollmächtigter eingeschaltet war, ist auch zu klären, ob dessen Hinzuziehung notwendig war (§ 80 Abs. 2 VwVfG)

Wenn in einer **Verpflichtungssituation dem Verpflichtungsbegehren** des Widerspruchsführers **entsprochen** wird, kann zugleich auch die **strittige Verwaltungsentscheidung erlassen** werden. Damit ein Widerspruchsführer kostenrechtlich nicht bessergestellt wird, als ein sonstiger Bürger, dessen Begehren unmittelbar entsprochen wird, entstehen insoweit auch bei einer Abhilfeentscheidung entsprechende Kosten. So bestimmt beispielsweise **§ 12 Abs. 1 S. 2 NdsVerwKostG,** dass, wenn der Rechtsbehelf Erfolg hat, nur die Kosten für die vorzunehmende Amtshandlung zu erheben sind. Kommunale Satzungen enthalten durchweg vergleichbare Bestimmungen. **27**

Der Widerspruchsbescheid ist gem. § 73 Abs. 3 VwGO zu begründen. Für die Begründung gelten die Maßstäbe des § 39 Abs. 1 S. 2 und 3 VwVfG. **28**

Dem Widerspruchsbescheid ist nach § 73 Abs. 3 VwVfG auch eine Rechtsbehelfsbelehrung beizufügen. Diese Vorschrift ist in den Fällen teleologisch zu reduzieren, in denen der Widerspruchsbescheid keinerlei Beschwer mehr für die Beteiligten enthält und damit etwaige weitere Rechtsbehelfe mangels Rechtsschutzbedürfnis schlicht unzulässig wären. In solchen Fällen unterbleibt die Rechtsbehelfsbelehrung. **29**

Wer **abschließend** über einen **Widerspruch zu entscheiden hat**, bestimmt regelmäßig § 73 Abs. 1 VwGO. Dabei ist zunächst zu differenzieren, ob der Streitgegenstand des Verfahrens eine Selbstverwaltungsangelegenheit (siehe z. B. § 5 NKomVG) oder aber eine staatliche Aufgabe (z. B. Aufgabe des übertragenen Wirkungskreises; § 6 NKomVG) ist. **30**

In **Selbstverwaltungsangelegenheiten** entscheidet nach § 73 Abs. 1 S. 2 Nr. 3 VwGO – sofern nicht durch Gesetz etwas anders bestimmt ist – die Selbstverwaltungsbehörde. Im kommunalen Bereich wäre dies der Landkreis oder die Gemeinde bzw. Stadt.

In **allen anderen Fallgestaltungen** entscheidet über den Widerspruch die **nächsthöhere Behörde** (§ 73 Abs. 1 S. 2 Nr. 1 VwGO). Eine andere Beurteilung ist aber dann gegeben, wenn dies ein Gesetz bestimmt. Ist dagegen die **nächsthöhere Behörde** eine **oberste Landes- oder Bundesbehörde** so entscheidet, abweichend von Nr. 1, die Behörde, die den Verwaltungsakt erlassen hat, über den Widerspruch (§ 73 Abs. 1 S. 2 Nr. 2 VwGO)

31 Gem. § 73 Abs. 3 S. 1 VwGO **ist** der Widerspruchsbescheid **zuzustellen** und zwar nach den Vorschriften des VwZG, § 73 III S. 2 VwGO.
Da eine bestimmte **Zustellungsart** gesetzlich nicht vorgeschrieben ist, liegt deren Auswahl im pflichtgemäßen Ermessen der Behörde. Sie hat diese Entscheidung nach wirtschaftlichen Gesichtspunkten und der im jeweiligen Fall für erforderlich erachteten Qualität der Zustellungsart zu treffen. Ist ein Rechtsanwalt beteiligt, sind die Vorgaben des § 5 Abs. 4 VwZG zu beachten (siehe hierzu auch Weidemann, H., DVP 2014, S. 449 ff.).

32 Ein einfacher Sachverhalt soll in die Darstellung der Recht- und Zweckmäßigkeit eingebunden werden. Bei einem umfangreichen oder strittigen Sachverhalt empfiehlt es sich, zunächst die für die Entscheidung wichtigen Punkte des Sachverhalts und die wesentlichen Punkte des Widerspruchsbegehrens in gestraffter und übersichtlicher Form darzustellen und erst danach die wesentlichen rechtlichen Gründe mitzuteilen.

33 Die Kostenschuld wird gem. § 7 I NVwKostG grds. mit der Bekanntgabe der Anforderung an den Kostenschuldner fällig. Da Einnahmen gem. § 25 I GemHKVO, §§ 178; 1 NKomVG rechtzeitig und vollständig zu erheben sind, muss der Kasse bereits die Annahmeanordnung erteilt werden, indem die Forderung ihrer Höhe nach bekannt ist. Deshalb ist die Annahmeanordnung gleichzeitig mit dem Kostenfestsetzungsbescheid zu erteilen.

34 Hat der Widerspruch Erfolg, so regelt § 80 VwVfG bestimmte Erstattungspflichten der Behörde. So hat nach § 80 Abs. 1 S. 1 VwVfG der Rechtsträger der Behörde, die den angefochtenen Verwaltungsakt erlassen hat (Ausgangsbehörde), dem Widerspruchsführer die zur zweckentsprechenden Rechtsverfolgung oder Rechtsverteidigung notwendigen Aufwendungen zu erstatten. Dies gilt trotz des etwas missverständlichen Wortlauts „der Behörde, die den angefochtenen Verwaltungsakt erlassen hat" nicht nur für die Anfechtungs-, sondern auch für die Verpflichtungssituation. Diese Erstattung erfolgt gem. § 80 Abs. 3 S. 1 VwVfG allerdings nur auf Antrag des Widerspruchsführers. Gem. § 80 Abs. 2 VwVfG hat die Widerspruchsbehörde auch zu entscheiden, ob die Hinzuziehung eines Bevollmächtigten (Rechtsanwalts) erforderlich war. Von der Erforderlichkeit ist in aller Regel auszugehen, da der Widerspruchsführer nur in absoluten Ausnahmefällen in der Lage ist, das Widerspruchsverfahren selbstständig zu führen. Sind Ausgangsbehörde und Widerspruchsbehörde identisch, so trifft die Erstattungspflicht entsprechend die Widerspruchsbehörde selbst.

Soweit der Widerspruch nur zum Teil Erfolg hat, so ist entsprechend dem Rechtsgedanken des § 155 Abs. 1 VwGO eine Quote zu ermitteln. Die Höhe der Quote bestimmt sich dabei nach den Unterliegensanteilen. So hat beispielsweise ein Widerspruchsführer, der eine Geldleistung in Höhe von 1.000 € beantragt hat, dem die Widerspruchsbehörde auf seinen Widerspruch jedoch nur 500 € zugesprochen hat, die Kosten zur Hälfte zu tragen.

Wird der Widerspruch von der Widerspruchsbehörde vollumfänglich zurückgewiesen, so können sich für den Widerspruchsführer aus § 80 VwVfG bestimmte Erstattungspflichten ergeben. Diese Erstattungspflichten greifen jedoch nur, wenn Ausgangs- und Widerspruchsbehörde nicht identisch sind. In diesem Fall verpflichtet die Widerspruchsbehörde gem. § 80 Abs. 1 S. 3 VwVfG auf Antrag der Ausgangsbehörde den Widerspruchsführer, die Aufwendungen, die der Ausgangsbehörde zur zweckentsprechenden Rechtsverfolgung oder Rechtsverteidigung entstanden sind, zu erstatten. **35**
Die Erstattung der Kosten der Widerspruchsbehörde für den Widerspruchsbescheid richtet sich nicht nach § 80 VwVfG, sondern nach dem Verwaltungskostenrecht. Selbiges gilt, wenn Ausgangs- und Widerspruchsbehörde identisch sind.

Die **VwGO** sieht für bestimmte **abschließende Entscheidungen** im Rahmen des **Widerspruchsverfahrens** ausdrücklich die **Zustellung** dieses Dokuments vor [siehe Erl. Ziff. 31]. Für die **Einstellung des Widerspruchsverfahrens fehlt** es aber an einer vergleichbaren gesetzlichen Vorgabe. Im Hinblick auf das formalisierte Widerspruchsverfahrens empfiehlt es sich aber auch hier, auf die Zustellung zurückzugreifen. **35a**

Die **VwGO** sieht im Grunde **drei Entscheidungssituationen** für einen Widerspruch vor: Abhilfe, Teilabhilfe und Zurückweisung. **Erledigt sich dagegen das Widerspruchsverfahren** (z. B. durch Zurücknahme des Widerspruchs oder auf andere Weise), so enthält die **VwGO keine** ausdrücklichen **Vorgaben** darüber, wie dann verfahren werden sollte. Es empfiehlt sich aber, auch in einer derartigen Fallgestaltung das Verfahren formell abzuschließen. Daher wird eine Einstellungsentscheidung erlassen (Vertiefung siehe auch Weidemann, DVP 2021, S. 264 ff.). **35b**

Soweit eine ausdrückliche kostenrechtliche Grundlage fehlt, werden keine Verwaltungskosten erhoben. **35c**

Eine **Begründung** ist nicht ausdrücklich vorgesehen. Es empfiehlt sich aber, den Widerspruchsführer über die Gründe zu informieren, die zur Einstellung des Verfahrens geführt haben. **35d**

Zum Abschluss der zweiten Praxisphase im 5. Trimester des Studiums[128] ist gemäß § 6 der Praxisordnung eine **Prüfungsleistung** vorgesehen, bei der die Studierenden einen Originalvorgang ihrer Ausbildungsbehörde selbständig bearbeiten. **36**

Der Praxisfall soll eine alltägliche Aufgabenstellung umfassen und einen mittleren Schwierigkeitsgrad haben, der dem Ausbildungsstand zu diesem Zeitpunkt (knapp die Hälfte der Ausbildungszeit) entspricht. Die Bearbeitung, die die Studierenden zu leisten haben, umfasst die Erstellung eines anonymisierten Aktenvorgangs, eines gutachterlichen Vermerks zur Entscheidungsvorbereitung sowie eines Erstbescheids (§ 12 Abs. 5 SPO-BA) bzw. einem privatrechtlichen Forderungsschreiben.

[128] Das Studium an der HSVN ist in Trimestern (also Vierteljahres-Abschnitten) zu absolvieren – im Gegensatz zu den Semestern (Halbjahresabschnitten) an anderen Hochschulen.

Die Prüfungsleistung soll in Form und Optik der ortsüblichen Praxis der Ausbildungsbehörde entsprechen, also die handelnde Behörde, den Adressaten, die Entscheidung in einer bürgerverständlichen Sprache, evtl. einen Rechtsbehelf, eine Grußformel, die Unterschrift und beim Entwurf ggf. Verfügungspunkte enthalten.

Der Originalvorgang soll ca. zehn Seiten umfassen. Ist der Vorgang wesentlich umfangreicher, so ist diese höhere Komplexität bei der Bewertung der Prüfungsleistung entsprechend mildernd zu berücksichtigen. Der Umfang der Bearbeitungszeit soll in etwa 40 Wochenstunden betragen.

Für die **Bewertung** der einzelnen Prüfungsteile ist folgende Aufteilung vorgesehen:

Aktenvorgang	5 %
Vermerk	35 %
Bescheid/Forderungsschreiben	60 %.

Das Arbeitsergebnis der Studierenden soll insbesondere nach seiner Tauglichkeit für die Praxis beurteilt werden. Für die Bewertung der Prüfung der Praxisphase II ist der im Anschluss an die beiden Musterfälle abgedruckte Vordruck vorgesehen.

Ziel dieser Praxisprüfung ist, dass die Praxisbetreuenden und Ausbildungsleitungen einen Eindruck über die Arbeitsweise ihrer Studierenden gewinnen und einen Eindruck davon bekommen, inwieweit diese in der Lage sind, vorhandenes Wissen in der Praxis anzuwenden.

IX. WIDERSPRUCHSVERFAHREN – (WEITERE) TENORIERUNGSVORSCHLÄGE

a) Verpflichtungssituation und Abhilfeentscheidung

Sehr geehrte Frau Dammeyer,

aufgrund Ihres Widerspruchs vom 4. Oktober 2019 gegen meinen Ablehnungsbescheid vom 12. September 2019, Az.: 55/12/2019, hebe ich diesen Bescheid auf.

Kosten für dieses Widerspruchsverfahren werden nicht erhoben.

Sollten Ihnen zur zweckgerechten Rechtsverfolgung Aufwendungen entstanden sein, werden Ihnen diese auf Antrag erstattet.

Der begehrte Bauvorbescheid zur Feststellung, dass auf Ihrem Grundstück in Diepholz, 22003 Diepholz, Hinter der Beeke 7 ein 9 m langer Garagenneubau an der Grenze zum Nachbarn Kruse hin errichtet werden kann, wird hiermit erteilt.

Die Kosten für diesen Bauvorbescheid haben Sie zu tragen.

Anmerkungen

Die Widerspruchsführerin hat in diesem Widerspruchsverfahren obsiegt. Da es sich um eine Verpflichtungssituation handelt, kann/sollte mit der Abhilfeentscheidung zugleich die begehrte Erlaubnis erteilt werden. Hier war Gegenstand des Verfahrens ein begehrter Bauvorbescheid (vgl. § 73 NBauO). Da die Widerspruchsführerin im Widerspruchsverfahren obsiegt, hat sie keine Kosten für das Widerspruchsverfahren zu tragen und erhält mögliche Aufwendungen erstattet. Eine andere Beurteilung ist hinsichtlich des gewährten Bauvorbescheides geboten; ansonsten würde der Widerspruchsführer gegenüber einem sonstigen Antragsteller bessergestellt werden. Wird auf einen Antrag hin unmittelbar die begehrte Erlaubnis erteilt, sind regelmäßig ebenfalls Verwaltungsgebühren fällig. Soweit das NVwKostG Anwendung findet, bestimmt § 12 Abs. 1 S. 2, dass, soweit der Rechtsbehelf Erfolg hat, nur die Kosten für die vorzunehmende Amtshandlung zu erheben sind.

b) Anfechtungssituation und Teilabhilfe; Ausgangsbehörde ist zugleich Widerspruchsbehörde

Sehr geehrte Frau Metzlaff,

auf Ihren Widerspruch gegen die Auflage nur 5 zur Baugenehmigung vom 22.07.2019 Az.: 17/23/19, hebe ich die Anordnung insoweit auf, dass statt der zunächst geforderten 24 Stellplätze nunmehr nur noch 12 Stellplätze auf dem Baugrundstück erreichtet werden müssen. Im Übrigen weise ich den Widerspruch zurück.

Sie haben die Hälfte der Verwaltungskosten zu bezahlen.

Sollten Ihnen zur zweckgerechten Rechtsverfolgung Aufwendungen entstanden sein, werden die Hälfte der Aufwendungen von mir erstattet, wenn Sie dies bei mir beantragen.

Anmerkungen
Es handelt sich um einen Widerspruch, der teilweise erfolgreich ist. Damit können nicht in vollem Umfange Verwaltungsgebühren erhoben werden. Ähnlich verhält es sich mit den Aufwendungen nach § 80 VwVfG. Für die entstehenden Gebühren/Aufwendungen sind – entsprechend des Erfolges – Quoten zu bilden.

c) Anfechtungssituation und Zurückweisung durch die Widerspruchsbehörde, die nicht zugleich Ausgangsbehörde ist

Sehr geehrter Herr Klausen,

Ihren Widerspruch vom 14. September 2019 gegen den Bescheid der Stadt M vom 10. August 2019 Az.: 445-77/19 weise ich zurück.

Die Kosten dieses Widerspruchsverfahren haben Sie zu tragen.

Soweit der Ausgangsbehörde zur zweckrechten Rechtsverteidigung Aufwendungen entstanden sind, sind diese von Ihnen, auf Antrag der Ausgangsbehörde, zu erstatten.

Anmerkungen
Bei einem zurückweisenden Widerspruchsentscheid entstehen im Grunde Aufwendungen/Kosten bei dem Widerspruchsführer, der Widerspruchsbehörde und der Ausgangsbehörde. Da der Widerspruchsführer nicht obsiegt hat, trägt er seine Kosten. Es gilt das grundlegende Prinzip: „Wer verliert, muss regelmäßig bezahlen.“ Rechtsgrundlage für die Gebührenerhebung der Widerspruchserhebung ist regelmäßig entweder das NVwKostG oder aber eine kommunale Satzung. Die Frage der Aufwendungen beurteilt sich nach § 80 VwVfG. Zugunsten der Ausgangsbehörde ist daher eine Aufwendungsentscheidung zu treffen.

d) Zurückweisung des Widerspruchs und Anordnung der sofortigen Vollziehung

Nutzungsuntersagung und Beseitigungsanordnung

Sehr geehrter Herr Krause,

Ihr Widerspruch vom 12. November 2019 gegen meinen Bescheid vom 7. Mai 2019, Az.: 12/4/2019, wird zurückgewiesen.

Hinsichtlich der Nutzungsuntersagung im Bescheid vom 7. Mai 2019, Az.: 12/4/2019, wird die sofortige Vollziehung angeordnet.

Sie haben die Kosten des Verfahrens zu tragen.

Sie haben die Aufwendungen der Ausgangsbehörde zur zweckgerechten Rechtsverfolgung zu erstatten, wenn dies bei mir beantragt wird.

Anmerkungen
Ausgangs- und Widerspruchsbehörde sind nicht identisch. Damit hat der Widerspruchsführer die Widerspruchsgebühren für dieses Verfahren zu tragen. Zudem sind von ihm – nach § 80 VwVfG – die notwendigen Aufwendungen der Ausgangsbehörde zu erstatten. Nach § 80 Abs. 2 Nr. 4 VwGO ist die Widerspruchsbehörde berechtigt, die sofortige Vollziehung anzuordnen.

e) Erledigung Widerspruchsverfahren

Sehr geehrter Herr Meierdierks,

das mit Schreiben vom 14. November 2019 eingeleitete Widerspruchsverfahren wird eingestellt.

Aufwendungen werden nicht erstattet, Verwaltungskosten werden nicht erhoben.

Anmerkungen
Es sind Fallgestaltungen denkbar, dass der Widerspruch zurückgenommen wird oder aber sich auf andere Weise erledigt hat. Auch hier sollte das Verfahren durch einen ausdrücklichen behördlichen Ausspruch abgeschlossen werden. Die (mögliche) Kostenentscheidung hängt von zwei Faktoren ab: Sieht das anzuwendende Recht eine Kostenentscheidung vor und wer ist für die Einstellung verantwortlich?